E-Recruiting und Headhunting im digitalen Zeitalter

Rechtswissenschaftliche Arbeitspapiere
der Technischen Universität Braunschweig

Herausgegeben von
Prof. Dr. Edmund Brandt

Nummer 3/2020

INSTITUT FÜR
RECHTSWISSENSCHAFTEN

Henning Rauls

E-Recruiting und Headhunting im digitalen Zeitalter

Berliner Wissenschafts-Verlag

Bibliografische Information der Deutschen Nationalbibliothek:
Die Deutsche Nationalbibliothek verzeichnet diese Publikation in der Deutschen Nationalbibliografie; detaillierte bibliografische Daten sind im Internet über http://dnb.d-nb.de abrufbar.

Behaimstr. 25, 10585 Berlin,
E-Mail: bwv@bwv-verlag.de, Internet: http://www.bwv-verlag.de

Layout und Herstellung durch den Verlag
Satz: DTP + TEXT Eva Burri, Stuttgart
Druck: docupoint, Magdeburg
Gedruckt auf holzfreiem, chlor- und säurefreiem, alterungsbeständigem Papier.
Printed in Germany.

ISBN Print 978-3-8305-5078-5
ISBN E-Book 978-3-8305-4243-8

Inhaltsverzeichnis

Einführung

Bei der Gewinnung von geeigneten Mitarbeitern stehen Arbeitgeber vor zwei Herausforderungen: der fortschreitenden Digitalisierung aller Lebensbereiche und dem Fachkräftemangel. Letzterer ist der Auslöser dafür, dass die Arbeitgeber aktiv zum Auffinden und Rekrutieren passender Bewerber übergegangen sind. Dieses sog. „active recruitment" wird häufig mittels modernster Technik durchgeführt, deren Anwendungsbereich sich vornehmlich im Bereich des Internets abspielt. Dass das Internet heutzutage im Bereich des recruitments unerlässlich ist, zeigen die Nutzerzahlen. Über 50 % der Weltbevölkerung von ca. 7,7 Milliarden Menschen nutzt das Internet. Die Tendenz ist steigend. Dabei stellen insbesondere die sozialen Medien für Arbeitgeber sowohl als Basis für die Anwerbung als auch für die Auswahl potenzieller Bewerber ein wichtiges Handwerkszeug dar. Sowohl freizeitorientierte als auch berufsorientierte Medien werden hierfür von Headhuntern und Personalern als Informationsbeschaffungsplattform genutzt. Während Plattformen wie Xing oder LinkedIn anfänglich zur beruflichen Kontaktpflege dienten, sind sie heute nahezu wichtigstes Instrument zum Auffinden von neuen Talenten.

So fortschrittlich wie das „active recruitment" unter Einsatz von sozialen Medien und modernster Technik wie künstlicher Intelligenz auch ist, umso genauer ist auf die rechtlichen Grenzen bei deren Einsatz zu achten. Jeder technische Fortschritt macht eine Erörterung der bestehenden rechtlichen Grenzen unabdingbar, um den modernen Arbeitgeber vor Risiken und Rechtsbruch zu schützen. Dabei stellen sich verschiedenste Fragen, deren Antwort es zu finden gilt und die sich dieser Beitrag zur Aufgabe gemacht hat. Angefangen bei der Frage, an welcher Stelle die Beteiligten besonders zu schützen sind, über die Vereinbarkeit des „active recruitment" mit dem Datenschutz und wettbewerbsrechtlichen Regelungen, hin zu haftungsrechtlichen Fragen bei dem Einsatz künstlicher Intelligenz, gibt es Klärungsbedarf.

Die Rechtsprechung musste sich mit den aufgeworfenen Fragen bisher nicht (ausführlich) beschäftigen, weshalb es für die Arbeitgeber schwierig ist, die rechtlichen Grenzen des „active recruitments" sowie des Einsatzes künstlicher Intelligenz zu überschauen. Diese Lücke soll der vorliegende Beitrag schließen und dem modernen Arbeitgeber eine Hilfestellung an die Hand geben.

Um dem Arbeitgeber einen Überblick zu bieten, wurde relevante Rechtsprechung der letzten Jahre zu vergleichbaren Themen ausgewertet und auf die aktuelle Situation übertragen. Auch haftungsrechtliche Fragen zum Einsatz künstlicher Intelligenz wurden aufgegriffen, wobei auf den Bericht der Europäischen Kommission sowie eine Stellungnahme des deutschen Anwaltsvereins zurückgegriffen wurde, da zahlreiche rechtserhebliche Fragestellungen hierzu nicht abschließend geklärt sind und noch auf eine rechtliche Lösung warten.

Im Anhang (S. 25 ff.) sind dazu Auszüge aus der europäischen Datenschutzgrundverordnung, die Stellungnahme des Deutschen Anwaltvereins sowie der Bericht der europäischen Kommission zum besseren Verständnis abgedruckt.

Um konkurrenzfähig zu bleiben und den „war for talents" bestreiten zu können, ist es für den Arbeitgeber von heute unabdingbar, sich mit den bestehenden Möglichkeiten zu beschäftigen und diese in Betracht zu ziehen, denn der Arbeitnehmer von heute wartet bereits darauf, entdeckt zu werden. Dennoch sollten die rechtlichen Rahmenbedingungen bekannt und Rechtsverstöße vermieden werden, um den „war for talents“ mit fairen Mitteln zu bestreiten.

E-Recruiting und Headhunting im digitalen Zeitalter

Fachkräftemangel und das Auffinden und Rekrutieren passender Bewerber dürfte derzeit eines der zentralen Themen vieler Arbeitgeber und in den Personalabteilungen sein. Vorbei sind die Zeiten, in denen auf eine Stellenanzeige eine Vielzahl von Bewerbungen einging und der Arbeitgeber frei wählen konnte. Spätestens seitdem die „Generation Y“ deutlich gemacht hat, dass sie es ernst meint mit der „work-life-balance“ und diese auch tatsächlich durchsetzen kann, zeigt sich auch nach außen, dass sich der Arbeitsmarkt von einem Angebots- zu einem Nachfragemarkt für den Arbeitgeber entwickelt hat. Dabei ist zu berücksichtigen, dass nach neuesten Studien mehr als 60 % der wirklich interessanten Kandidaten grundsätzlich mit ihrem Arbeitgeber zufrieden und nicht auf der Suche nach alternativen Jobangeboten sind. Die Folge daraus ist, dass dieser Personenkreis mit der klassischen Stellenanzeige in Printmedien oder auf Online-Jobportalen nicht zu erreichen ist. Gefragt ist also „active recruitment“. Werden passive Bewerber direkt mit interessanten Angeboten angesprochen, kann ihr Interesse geweckt werden. Mit welchen Möglichkeiten und in welchem Rahmen potenzielle Bewerber angesprochen und im Laufe des Bewerbungsprozesses geprüft werden können, beschäftigen wir uns im nachfolgenden Beitrag.

1. Wissenswertes vorab

Die Weltbevölkerung beträgt aktuell 7,7 Milliarden Menschen (Stand Dezember 2019).[1] Die Tendenz ist weiterhin stark steigend. Etwas mehr als die Hälfte davon, also 4,2 Milliarden Menschen, nutzt das Internet.[2] Mit den Investitionen Chinas in strukturschwache Gebiete, insbesondere in Afrika, aber auch weiteren Entwicklungsländern, wird der Anteil der Menschen mit Internetzugang weltweit in den nächsten Jahren sprunghaft ansteigen. Es ist davon auszugehen, dass in den nächsten fünf bis zehn Jahren nahezu 80 % der Weltbevölkerung Zugriff auf das Internet haben werden. Für das Recruiting und Headhunting besonders interessant ist dabei der Anteil der sozialen Medien, da diese, worauf wir später noch näher eingehen, ein entscheidender Schlüssel sowohl für die Anwerbung als auch die Auswahl potentieller Bewerber sein können. Im Januar 2019 belief sich die Zahl der monatlich aktiven Nutzer von sozialen Netzwerken auf rund 3,48 Milliarden.[3] Das heißt, 81 % der Internetnutzer nutzen Social Media. Berücksichtigt man, dass der Durchschnitt der Social-Media-Nutzer eher jünger und damit im Altersschnitt der Nachwuchs-/Fachkräfte ist, wird ersichtlich, welches Potenzial in den sozialen Medien steckt. So stieg beispielsweise die Zahl der Social-Media-Nutzer zwischen Oktober 2018 und Oktober 2019 um 328 Millionen Nutzer an.[4] Das bedeutet, dass etwa alle zehn Sekunden ein neuer Social-Media-Nutzer hinzukommt. Social Media werden dabei nicht nur auf einem Kanal genutzt, sondern auf ganz unterschiedliche Arten, die jedoch alle miteinander verknüpft sind. So besitzt der

1 https://www.dsw.org/, zuletzt abgerufen am 02.12.2019.

2 Statista, Internetnutzung weltweit, https://de.statista.com/themen/42/internet/, zuletzt abgerufen am 13.01.2020.

3 Statista, Anzahl der monatlich aktiven Social-Media-Nutzer, https://de.statista.com/statistik/daten/studie/739881/umfrage/monatlich-aktive-social-media-nutzer-weltweit/, zuletzt abgerufen am 13.01.2020.

4 Hootsuite, Digital 2019 Q4 Global Digital Statshot, https://www.slideshare.net/DataReportal/digital-2019-q4-global-digital-statshot-october-2019-v01, zuletzt abgerufen am 06.01.2021.

durchschnittliche Social-Media-Nutzer neben Accounts in freizeitorientierten Medien wie Facebook, Instagram oder Twitter parallel auch Profile in berufsorientierten Netzwerken wie Xing oder LinkedIn. Dabei ist die Tendenz der Nutzer in den berufsorientierten Medien steigend. Bei Facebook stieg die Anzahl der monatlich aktiven Nutzer kontinuierlich und erreichte im dritten Quartal 2019 rund 2,45 Milliarden; wobei in Europa die Anzahl der Nutzer im zweiten Quartal 2018 das erste Mal rückläufig war.[5] Bei Xing lag die Anzahl der Nutzer in der DACH-Region[6] bis Anfang 2019 bei etwa 18 Millionen.[7] Interessant ist hierbei, dass Xing im Bereich B2B-Recruiting am erfolgreichsten war.[8]

2. Die freizeitorientierten Medien

Betrachten wir die sozialen Medien im Kontext der Möglichkeiten für Recruiting, fällt auf, dass eine Differenzierung zwischen den freizeitorientierten Medien und den berufsorientierten Medien vorzunehmen ist. Dies begründet sich bereits damit, dass potenzielle Kandidaten eher im berufsbezogenen Kontext agieren und auch ansprachebereit sind. Doch auch die freizeitorientierten Medien bieten Headhuntern/Personalern eine gute Möglichkeit, um Informationen zu erhalten. Schauen wir uns dies anhand eines kleinen Beispiels bei Facebook an und stellen uns folgende Situation vor:

- Erich Erfolgreich hat klassisch eine Stellenanzeige ausgeschrieben. Diese wird von Brigitte Beispiel gelesen und in eine Bewerbung umgesetzt.
- Brigitte Beispiel hat hervorragende Noten und einen akademischen Abschluss. Nach den Daten ihrer Bewerbungsunterlagen ist sie die ideale Kandidatin für die ausgeschriebene Position.
- Brigitte Beispiel unterhält jedoch auch ein Social-Media-Profil, auf dem sie Bilder von ihren regelmäßigen Partys inklusive Alkoholkonsum postet.
- Erich Erfolgreich überlegt sich nach Durchsicht der Bewerbungsunterlagen, kurz den Namen von Brigitte Beispiel in eine Suchmaschine einzugeben. Über diese gelangt er auf das (öffentlich einsehbare) Profil von Brigitte Beispiel. Er sieht die zahllosen Partybilder.
- Erich Erfolgreich entscheidet sich daraufhin trotz der guten Qualifikation gegen Brigitte Beispiel.

Was zeigt uns dieses kleine Beispiel? Zunächst, welche Möglichkeiten durch die Verwendung sozialer Medien bestehen. Die Verwendung der Nutzerdaten (vollständiger Name) ermöglicht nicht nur Rückschlüsse auf Qualifikationen und beruflichen Werdegang, sondern auch Interessen und Freizeitverhalten des potentiellen Arbeitnehmers. Aktuelle Studien belegen, dass Arbeitgeber die harten Faktoren, wie einen guten Abschluss und Sprachkenntnisse (je nach Tätigkeit)

5 Statista, Anzahl der monatlichen aktiven Nutzer, https://de.statista.com/statistik/daten/studie/37545/umfrage/anzahl-der-aktiven-nutzer-von-facebook/, zuletzt abgerufen am 13.01.2020.

6 Gebiet Deutschland, Österreich, Schweiz.

7 Statista, Statistiken zu Xing, https://de.statista.com/themen/746/xing/, zuletzt abgerufen am 13.01.2020.

8 Statista, Statistiken zu Xing, https://de.statista.com/themen/746/xing/, zuletzt abgerufen am 13.01.2020.

grundsätzlich voraussetzen. Entscheidend für die Auswahl eines Kandidaten sind zu mehr als 55 % jedoch mittlerweile weiche Faktoren, wie soziales Engagement, sportliche Aktivitäten oder auch Familie. Hierfür bietet die Nutzung freizeitorientierter Medien eine effektive und kostengünstige Möglichkeit der Vorauswahl.

Betrachten wir die sozialen Medien weiter, fällt auf, dass sie nicht nur Informationen für das Recruiting, sondern auch Optionen für Informationen über Mitarbeiter und damit z. B. aktive Mitarbeiterbindung bieten. So können z. B. durch die Nutzung von sozialen Medien Einträge in Foren und Netzwerken gefiltert werden, die Rückschlüsse darauf zulassen, mit welcher Wahrscheinlichkeit sich Mitarbeiter nach einem neuen Arbeitsplatz umsehen/wechselwillig sind.

3. Die berufsorientierten Medien

Bei den berufsorientierten Medien wie Xing oder LinkedIn stehen die berufliche Kontaktpflege und der berufliche Austausch im Vordergrund. Die Medien sind ein typisches „Netzwerk"-Medium. Entgegen dem Austausch privater Angelegenheiten werden die Netzwerke nicht nur für die Kontaktpflege genutzt. Vielmehr werden die vorhandenen Kontakte oder auch das erweiterte Netzwerk genutzt, wenn es um fachliche Unterstützung oder gar Auftragsvergaben geht. Nachfolgend konzentrieren wir uns jedoch auf die Möglichkeiten, die sich für ein aktives Recruitment oder auch die Mitarbeiterbindung in beruflichen Netzwerken ergeben.

Xing stellt beispielsweise ein interessantes Tool zur Verfügung, welches Arbeitgebern und Recruitern die Möglichkeit geben soll, mittels bestimmter Eingaben „Talente" zu finden. Damit ist es ohne größeren Aufwand und ohne, dass je ein Stellenangebot aufgesetzt wurde, möglich, durch Setzung intelligenter Suchfilter eine Vorauswahl potentieller Kandidaten zu treffen. Die Plattform Experteer bietet überdies die Möglichkeit Informationen darüber zu erhalten, wie lange ein Mitarbeiter im Vergleich zu anderen Mitarbeitern der Branche in einem Unternehmen verweilt und bei wem die Fluktuation überdurchschnittlich hoch ist. Damit lassen sich effizient Kandidaten filtern, die ggf. wechselbereit sind, ohne dass sie aktiv auf der Suche sind. Ein weiteres Marketinginstrument besteht in der Möglichkeit das eigene Unternehmen durch Mitarbeiter empfehlen zu lassen. Wir wissen alle, dass sich auch potenzielle Bewerber zuvor ein Meinungsbild über ein Unternehmen einholen, bei dem sie sich bewerben wollen. Auch dies ist eine Auswirkung des Nachfragemarktes. Unternehmen konkurrieren im Bewerbermarkt immer mehr auch mit sozialen Angeboten und insbesondere dem Ruf als guter Arbeitgeber. Beste Beispiele sind die immer wieder von Unternehmen als Auszeichnungen aufgeführten Brandings als „Top Arbeitgeber" oder „Bester Arbeitgeber".

Die berufsorientierten Medien bieten eine ideale Plattform für das Recruiting von Bewerbern, weil bereits die Inhalte eines Lebenslaufs als Profilangaben wiedergegeben werden. Neben den Angaben zu bisherigen Tätigkeiten nutzen viele User auch die Möglichkeit Interessen anzugeben, sodass auch hier ersichtlich ist, wie sich der Nutzer seine berufliche Zukunft vorstellt.

Bei all den positiven Aspekten sollte aber auch berücksichtigt werden, dass die Profile und/oder auch eingesetzte Algorithmen für die Tools nur einen eingeschränkten Teil der Persönlichkeit aufzeigen. Die immer wichtiger werdenden Soft Skills gehen dabei verloren. Auch ist zu berücksichtigen, dass für die Besetzung von Führungspositionen oft high potentials gesucht werden, die in den sozialen Medien nicht vertreten sind. Hier gilt dann „back to the roots" und zurück zu den guten alten persönlichen Gesprächen.

4. Rechtliche Grenzen der Nutzung sozialer Medien

Bei der Nutzung sozialer Medien für das Recruiting, aber auch aktive Mitarbeiterbindung sind neben den datenschutzrechtlichen Vorgaben bei der Erhebung und Verarbeitung der Daten auch zivilrechtliche Aspekte wie Abwerbeverbote/Wettbewerbsverbote zu beachten. Zudem dürfen jedoch auch interne Compliance Richtlinien der jeweiligen Unternehmen nicht außer Acht gelassen werden.

a) Datenschutz

Grundsätzlich wird davon ausgegangen, dass durch das bloße Hinzufügen personenbezogener Daten in ein als öffentlich eingestelltes Profil auf sozialen Netzwerken keine automatische Einwilligung in die Erhebung, Verarbeitung und Nutzung der eingestellten Daten besteht. So könnte zwar überlegt werden, ob eine Einwilligung nach Art. 6 Abs. 1a) Datenschutzgrundverordnung (DS-GVO)[9] vorliegt, indem der Betroffene seine Daten freiwillig zugänglich eingestellt hat. Allerdings sieht Art. 6 Abs. 1a) DS-GVO einschränkend vor, dass die Einwilligung zu der Verarbeitung zu einem bestimmten Zweck erteilt wird. Dies setzt voraus, dass dem User bekannt ist, welchem Zweck die Datenverarbeitung dient. Da insoweit keine Kenntnis über eine mögliche Nutzung für Recruiting- oder sonstige geschäftliche Zwecke besteht, liegt regelmäßig keine Einwilligung des Users vor.

Liegt bereits keine Einwilligung vor, kann eine rechtmäßige Verwertung nur dann möglich sein, wenn eine Erlaubnisnorm besteht. In Betracht kommt etwa der in Art. 6 Abs. 1b) DS-GVO geregelte Grundsatz, nach dem Daten zur Vertragsdurchführung oder bei vorvertraglichen Maßnahmen erhoben werden können. Bei den vorvertraglichen Maßnahmen erfolgt jedoch bereits die Einschränkung, dass diese auf Anfrage der betroffenen Person erfolgen. Die DS-GVO sieht keine spezifischen Regelungen zum Arbeitnehmerdatenschutz, der grundsätzlich auch den Schutz von Bewerberdaten umfasst, vor.[10] Ergänzend ist daher auf die Regelungen des Bundesdatenschutzgesetzes (BDSG) abzustellen. Nach § 26 Abs. 1 BDSG dürfen personenbezogene Daten von Beschäftigten u. a. für Zwecke des Beschäftigungsverhältnisses verarbeitet werden, wenn dies für die Entscheidung über die Begründung eines Beschäftigungsverhältnisses oder nach Begründung des Beschäftigungsverhältnisses für dessen Durchführung oder Beendigung erforderlich ist. Ein Beschäftigungsverhältnis kann naturgemäß nur begründet werden, wenn auf der einen Seite ein Bewerber steht und auf der anderen Seite ein potentieller Arbeitgeber. Soweit daher im Bereich des Recruitings auf die Bewerberdaten zugegriffen wird, wird man eine Rechtfertigung über § 26 BDSG ablehnen müssen, da ohne vorherigen Kontakt noch nicht von einem Bewerberverhältnis gesprochen werden kann.

9 Sämtliche zitierten DS-GVO Normen sind im Anhang als Anlage 1 abgedruckt.
10 Dannhäuser/*Ulbricht*, Praxishandbuch Social Media Recruiting, 3. Auflage, 2018, S. 344.

Datenschutzrechtlich problematisch ist auch die Nutzung von Social-Media-Informationen im Rahmen der Mitarbeiterbindung. Zwar besteht hier ein Beschäftigungsverhältnis im Sinne des § 26 Abs. 1 BDSG. Allerdings ist die Datenerhebung weder für die Durchführung noch die Beendigung des Beschäftigungsverhältnisses erforderlich. Die Durchführung des Arbeitsverhältnisses ist bereits deshalb nicht betroffen, weil hierunter nach allgemeiner Auffassung nur Datenerhebungen im Rahmen der Zweckbestimmung des Arbeitsverhältnisses erfasst werden.[11] Private Einträge in Foren beispielsweise, die durch intelligente Tools ausgelesen werden können, sind grundsätzlich nicht vom arbeitsvertraglichen Zweck erfasst.

Für beide Verwendungsformen gilt, dass der öffentliche Teil des Profils (und damit auch die personenbezogenen Daten) dann ohne weiteres recherchiert und genutzt werden können, wenn sie durch die öffentliche Freigabe in den sozialen Netzwerken bereits Bestandteil öffentlich nutzbarer Suchmaschinen geworden sind.[12] So jedenfalls das Bundesverfassungsgericht (BVerfG) im Hinblick auf die Zugriffs- und Nutzungsmöglichkeiten staatlicher Behörden vor Inkrafttreten der DS-GVO.[13] Argumentiert wurde allein mit der öffentlichen Freigabe. Einen Rückgriff auf polizeiliche Rechtfertigungstatbestände sah das BVerfG als nicht erforderlich an.

Auch nach Inkrafttreten der DS-GVO dürften diese Grundsätze übertragbar sein und zwar nicht nur auf Zugriffsrechte staatlicher Stellen, sondern auch die Nutzung durch jeden Dritten. Eingriffe in das allgemeine Persönlichkeitsrecht dürften zu verneinen sein, wenn im Internet frei verfügbare Kommunikationsinhalte erhoben werden, die sich an jedermann oder zumindest an einen nicht weiter abgegrenzten Personenkreis richten.[14]

Wie ist es aber mit Daten auf sozialen Netzwerken, die nur für die Nutzer des jeweiligen Netzwerkes als öffentlich eingestellt werden? Auch hier hat das BVerfG[15] entschieden, dass in diesem Fall Facebook-Nutzer kein schutzwürdiges Vertrauen besitzen, da sich in den sozialen Netzwerken ohne Zugangskontrolle nahezu jeder anmelden könne. Dieses gelte selbst für den Fall, dass der Anmeldende eine andere als seine wahre Identität nutze.

Bei Daten hingegen, die nur von „Freunden" in den freizeitorientierten Medien und von „Kontakten" in den berufsorientierten Medien eingesehen werden können und damit gerade nicht für jedermann öffentlich sein sollen, wird man hingegen mit Art. 9 Abs. 2e) DS-GVO argumentieren können, dass diese Daten gerade nicht öffentlich und damit für jedermann einsehbar sein sollen.

Dies spiegelt sich auch in den allgemeinen Geschäftsbedingungen von Facebook wider. Diese untersagen z. B. das „einschleichen" unter falschem Namen als „Freund". Die Verwertung und Nutzung der so erlangten Daten eines Nutzers, der sein Profil auch nicht öffentlich eingestellt hat, sind daher unzulässig. Eine Verwendung für Recruiting-Zwecke oder auch Mitarbeiteranalysen stellt einen datenschutzrechtlichen Verstoß für den Recruiter gem. Artikel 5 Abs. 1a) DS-GVO und ggf. auch für Facebook als Verstoß gegen Artikel 5 Abs. 1 f.) DS-GVO dar.

11 ErfK/*Franzen* BDSG § 26 Rn. 21.

12 BeckOK StPO/*Graf* StPO § 100a Rn. 85.

13 BVerfG BeckRS 2016, 50705; NJW 2008, 822, 836.

14 Vgl. BVerfG BeckRS 2016, 50705; NJW 2008, 822, 836.

15 Wie vor.

Eine Einwilligung in die Datenerhebung ist auch dann abzulehnen, wenn eine Kontaktanfrage angenommen wird.[16] Anders stellt sich die Situation nur dar, wenn bei der Kontaktanfrage bereits deutlich erkennbar ist, dass es sich z. B. um einen Recruiter handelt. Dies ist bei berufsorientierten Netzwerken eine gängige Methode zur Ansprache potentieller Bewerber.

Fühlt sich der Nutzer in seinen Rechten betroffen, hat er die Möglichkeit gegen den Recruiter oder auch das Unternehmen vorzugehen. Er kann z. B. eine Meldung an den jeweiligen Plattformanbieter schicken. Diese kann zur Folge haben, dass, zumindest bei wiederholten Verstößen, der Account gesperrt wird. Er kann auch die Medien selbst nutzen und sich öffentlich über die unerwünschten Abwerbeversuche des Unternehmens beschweren. Ein Reputationsschaden wäre vorprogrammiert. Dem Mitarbeiter ist es auch unbenommen, den Recruiter abzumahnen und zur Unterlassung aufzufordern. Im Wiederholungsfall kann eine Vertragsstrafe fällig werden. Mag man diese Auswirkungen noch als gering einschätzen, so sei bei der Meldung an Datenschutzbehörden Obacht geboten. Nicht nur können diese bei unerlaubter Erhebung und Verwendung von Daten empfindliche Bußgelder verhängen, sondern es besteht auch die Gefahr, dass diese sich bei Gelegenheit die Datenschutzbestimmungen und -regelungen in dem betroffenen Unternehmen insgesamt anschauen.

b) Abwerbung

Neben den datenschutzrechtlichen Aspekten kann es jedoch auch zu der Fallkonstellation kommen, dass der gesichtete potentielle Bewerber noch in einem Arbeitsverhältnis zu einem Wettbewerber steht. Häufig kommen Recruiter dann in die Versuchung, die gesichteten Talente abzuwerben.

Unter dem Begriff der Abwerbung versteht man das mittelbare oder unmittelbare nachhaltige Einwirken auf einen arbeitsvertraglich gebundenen Arbeitnehmer mit dem Ziel, diesen zur Begründung eines neuen Arbeitsverhältnisses mit dem Abwerbenden oder einem Dritten zu veranlassen.[17]

Auch wenn eine direkte Ansprache von potentiellen Bewerbern, insbesondere in berufsorientierten Medien zulässig sein dürfte, sind hier die Grenzen des Wettbewerbsrechts zu beachten. Dies gilt insbesondere dann, wenn Mitarbeiter von Wettbewerbern gezielt zum Wechsel aufgefordert werden. Nach der Rechtsprechung wird eine Abwerbung als unlauter und damit wettbewerbswidrig angesehen, wenn die Handlung geeignet ist, die Wertschätzung des betroffenen Mitbewerbers in den Augen der angesprochenen Verkehrskreise zu verringern.[18]

In dem zugrunde liegenden Urteil des LG Heidelberg[19] hatte sich ein Mitarbeiter unter Verwendung des Firmenprofils auf Xing an einen Mitarbeiter eines Wettbewerbers gewandt, um diesen zur Abkehr zu bewegen. Hierbei wies er in Nachrichten darauf hin, dass der Mitarbeiter „ja hoffentlich wisse, was er sich da angetan habe“ und das er „ja hoffentlich wisse, in was für einem

16 *Göpfert/Koops*, ArbRAktuell 2017, 185, 186.

17 Küttner/*Röller*, Personalhandbuch 2019 Abwerbung, Rn. 1.

18 LG Heidelberg, Urteil vom 23.05.2012, 1 S 58/11, MMR 2012, 607, angefügt als Anlage 2.

19 LG Heidelberg, Urteil vom 23.05.2012, 1 S 58/11, MMR 2012, 607, angefügt als Anlage 2.

Unternehmen er da gelandet sei". Auch wenn man nun denken könnte, dass ein derart dilettantisches Vorgehen auch bestraft werden muss; Vorsicht, die Rechtsprechung zieht hier relativ enge Grenzen.

Die Ansprache von Mitarbeitern, die für Wettbewerber tätig sind, kann eine wettbewerbswidrige Abwerbung im Sinne des § 4 Ziff. 4 UWG darstellen. Die Folge wäre, dass auch der aktuelle Arbeitgeber mit einer Abmahnung gegen den Recruiter oder das abwerbende Unternehmen vorgehen und unter Umständen sogar Schadenersatz fordern kann.

Durch die Rechtsprechung entschieden wurden bereits die nachfolgenden Negativbeispiele, die von keinem Recruiter oder Unternehmen nachgeahmt werden sollten:

- **Arbeitszeit in Anspruch nehmen**: Der BGH urteilte,[20] dass es zwar erlaubt sei, den Arbeitnehmer an seinem Arbeitsplatz anzurufen, aber nur für eine kurze Vorstellung der angebotenen Stelle, mit der Bitte um Rückruf in der Freizeit. Weitere jobbezogene Gespräche, wie z. B. Gehaltsverhandlungen sind hingegen unerlaubt.
- **Arbeitgeber herabsetzen**: Verunglimpfende Aussagen über den aktuellen Arbeitgeber sind wettbewerbswidrig. Dies gilt auch dann, wenn sie über soziale Medien mit einem privaten Account gesendet werden.[21]
- **Falsche Identität**: Es ist nicht erlaubt, unter einem falschen Namen anzurufen, um dann zu Recruiting Zwecken zu dem Arbeitnehmer durchgestellt zu werden.[22]
- **Vertragsbruch**: Ebenso untersagt ist es Arbeitnehmer zu verleiten, gegen ihren Arbeitsvertrag zu verstoßen und z. B. eine Kündigung herauszufordern sowie vereinbarte Wettbewerbsverbote zu umgehen und etwaige Vertragsstrafen zu übernehmen.[23]

Weiterhin möglich sind traditionelle Ansprachen per Post oder, nach entsprechender Einwilligung, persönliche Ansprachen per Telefon, Mail oder auch Privatnachricht. Sofern die Ansprachen per Telefon oder Mail am Arbeitsplatz erfolgt, sind jedoch stets die Interessen der Beteiligten gegeneinander abzuwägen. Dementsprechend kommt die Rechtsprechung[24] zu dem Ergebnis, dass eine erste kurze telefonische Ansprache am Arbeitsplatz zulässig ist, anders ist jedoch zu entscheiden, wenn es sich nicht mehr um eine erste Kontaktaufnahme handelt.[25] Ebenso sind kurze Ansprachen per Mail zu beurteilen.[26]

In diesem Zusammenhang ist darauf hinzuweisen, dass vertraglich vereinbarte Abwerbungsverbote zwischen Unternehmern in ihrer Eigenschaft als Arbeitgeber grundsätzlich dem Anwen-

20 BGH, Urteil vom 22.11.2007, I ZR 183/04, NJW 2008, 855, angefügt als Anlage 3.
21 LG Heidelberg, Urteil vom 23.05.2012, 1 S 58/11, MMR 2012, 607, angefügt als Anlage 2.
22 LG Bonn, Urteil vom 03.01.2013, 14 O 165/12, BeckRS 2013, 2814, angefügt als Anlage 4.
23 BGH, Urteil vom 17.03.1961, I ZR 26/60, GRUR 1961, 482; Fezer/Büscher/Obergfell/Götting/Hetmank UWG § 4 Nr. 4 Rn. 51.
24 BGH, Urteil vom 04.03.2004 – I ZR 221/01, GRUR 2004, 696.
25 BGH, Urteil vom 22.11.2007 – I ZR 183/04, NJW 2008, 855, angefügt als Anlage 3.
26 MüKoUWG/*Jänich* UWG § 4 Nr. 4 Rn. 97.

dungsbereich des § 75 f. HGB unterfallen, sodass es sich um gerichtlich nicht durchsetzbare Sperrabreden im Sinne dieser Norm handelt.[27]

c) Compliance

Neben den datenschutzrechtlichen Aspekten sowie den Abwerbe- und Wettbewerbsverboten können beim Umgang mit sozialen Medien im Rahmen des Recruiting und der Mitarbeiterbindung zudem Compliance Richtlinien eine Rolle spielen.

Hierfür ist jedoch zunächst zu klären, was sich hinter dem Begriff Compliance verbirgt. Unter „Compliance" wird im Allgemeinen die Einhaltung der für Unternehmen geltenden Normen, Gesetze, regulatorischen Standards und der von Unternehmen selbst gesetzten Vorschriften und Anforderungen verstanden.[28] Compliance bedeutet somit zunächst Regelkonformität eines Unternehmens.

Der Deutsche Corporate Governance Kodex, der Empfehlungen für börsennotierte Unternehmen zur guten Unternehmensführung enthält, erweitert diese Definition im Aktienrecht um eine Pflicht des Vorstandes, diese Regelkonformität sicherzustellen.[29] Compliance umfasst demnach auch alle Maßnahmen eines Unternehmens zur Einhaltung der für das Unternehmen relevanten Gesetze durch seine Mitarbeiter. Dies erfolgt in der Praxis durch die Festlegung interner Compliance Richtlinien, an welche sich die Organe und Beschäftigten zu halten haben.

Aus § 93 Abs. 1 S. 1 AktG folgt die Pflicht der Vorstandsmitglieder, bei ihrer Geschäftsführung die Sorgfalt eines ordentlichen und gewissenhaften Geschäftsleiters anzuwenden. Dabei resultiert aus der Sorgfaltspflicht die Pflicht, im Einklang mit der geltenden Rechtsordnung zu handeln, die Pflicht zur sorgfältigen Unternehmensführung sowie die Überwachungspflicht.[30] Die Vorstandsmitglieder unterliegen zudem einer Treuepflicht.[31]

Die DS-GVO sieht in Art. 83 mitunter horrende Geldbußen von bis zu 20.000.000 EUR oder im Falle eines Unternehmens von bis zu 4 % seines gesamten weltweit erzielten Jahresumsatzes des vorangegangenen Geschäftsjahres vor. Derart hohe Bußgelder werden nur bei extremen Verstößen sehr großer Unternehmen erhoben. Dennoch besteht ein erhebliches finanzielles Risiko im Falle eines Verstoßes. Es könnte daher darüber nachzudenken sein, ein auf die Größe des Unternehmens angepasstes, strukturiertes Risikomanagement zu etablieren, indem bisherige Compliance Strukturen angepasst oder aufgestockt werden.[32]

Um die Mitarbeiter der Personalabteilungen zu sensibilisieren die Compliance Regelungen einzuhalten, sollte die Unternehmensführung die Mitarbeiter auf alle Risiken im Zusammenhang mit dem E-Recruiting hinweisen. Diese Hinweise sind anhand von Gesetzesänderungen und

27 BGH, Urteil vom 30.04.2014 – I ZR 245/12, NZA 2015,111.

28 *Kreßel*, NZG 2018, 841.

29 4.1.3. DCGK.

30 Thüsing/*Thüsing*, Beschäftigtendatenschutz und Compliance, § 2 Rn. 6.

31 MünchKommAktG/*Spindler*, § 93 Rn. 125, Hüffer/*Koch* AktG § 93 Rn. 28; Henssler/Strohn GesR/*Dauner-Lieb* AktG § 93 Rn. 8.

32 Zum Aufbau eines strukturierten Risikomanagements: *Angermüller/Kreikebohm*, SGb 2015, 430.

Rechtsprechung laufend zu aktualisieren. Sinnvoll erscheint es in diesem Rahmen Experteneinschätzungen einzuholen und den Mitarbeitern die rechtlichen Grenzen im Rahmen von Workshops zu vermitteln.

Verstoßen die Personaler im Rahmen ihrer Recruiting-Prozesse gegen den Datenschutz oder gegen wettbewerbsrechtliche Normen, kann es somit zu einer Haftung des Vorstandes kommen.[33] Um solchen Pflichtverletzungen vorzubeugen ist es für Arbeitgeber von besonderer Bedeutung, die Personalabteilungen bezüglich der geltenden Rechtslage zu informieren und zu sensibilisieren.[34] Zudem sind die Mitarbeiter zu überwachen und bei Verstößen drohen arbeitsrechtliche Schritte.

Die von der unrechtmäßigen Datenverarbeitung betroffenen (potentiellen) Bewerber haben als Geschädigte zudem unter anderem aus Art. 82 DS-GVO Schadensersatz- sowie Unterlassungsansprüche gegen das Unternehmen. Dies gilt es durch Einhaltung der Compliance Regelungen zu vermeiden.

5. Websiterecruiting

Werfen wir einen Blick voraus und beschäftigen uns abseits der Nutzung sozialer Medien und persönlicher Ansprachen mit den Möglichkeiten, die uns intelligente IT Tools mittlerweile bieten. Ein einprägsames Beispiel lieferte kürzlich Google selbst.

Beflügeln wir wieder unsere Fantasie und stellen uns folgende Situation vor:

- Ein junger Mann, der gerade sein Studium als Programmierer abgeschlossen hat, ist auf der Suche nach einem passenden Jobangebot. Er nutzt Google für die Suche nach Angeboten und grenzt diese durch Eingabe einer bestimmten Programmiersprache ein.
- Anstelle von der erwarteten Anzeige von Stellenangeboten wird er jedoch von Google gefragt, ob er Interesse an einem Spiel hätte; der junge Mann willigt ein.
- Über verschiedene spielerische Simulationen führt Google ohne Wissen des jungen Mannes Qualifikationstests durch.
- Nach Beendigung des Spiels erhält der junge Mann eine Anzeige, mit der ihm dazu gratuliert wird, dass er gerade alle Qualifikationstests von Google bestanden habe und ihm folgende Stellen bei Google angeboten werden.

Sicherlich ist dieses Beispiel auch ein Extrembeispiel für die absolute Marktmacht, die Google innehat. Es zeigt aber auch, wie durch Hinterlegung intelligenter Algorithmen gezielt Bewerber herausgefiltert werden können, ohne dass bereits wertvolle Ressourcen wie ein Personaler oder Recruiter persönlich eine Vorauswahl treffen müssen.

33 Zu den Folgen einer Pflichtverletzung im Allgemeinen: Thüsing/*Thüsing*, Beschäftigtendatenschutz und Compliance, § 2 Rn. 20 ff.

34 Vgl. Dannhäuser/*Ulbricht*, Praxishandbuch Social Media Recruiting, 3. Auflage, 2018, S. 341: Empfehlungen für die datenschutzkonforme Bewerberrecherche.

6. Einsatz künstlicher Intelligenz bei der Personalauswahl

Der Begriff „künstliche Intelligenz – KI" wird heute viel genutzt. Bevor wir uns dem anschließen, sollte zunächst definiert werden, was unter KI überhaupt zu verstehen ist. Seit Jahren nutzen wir alle in verschiedenen Ausprägungen bereits Software, die unser tägliches Büroleben erleichtert, die sogenannte „schwache KI". Diese bewegt sich der Definition nach im Rahmen der durch die Programmierung gesetzten Grenzen. Die Systeme sind geschlossen und haben zumeist unterstützenden Charakter (z. B. automatisierte Diagnoseverfahren in der Medizin, Sprach- und Gesichtserkennungssysteme).[35]

Im Gegensatz dazu steht die „starke KI". Auch sie wird zwar durch einen Programmbefehl in Gang gesetzt, entwickelt dann jedoch unter Einsatz bestimmter Methoden[36] kognitive Fähigkeiten mit denen sie, mangels vorgegebener Analysewege und Ziele, eigene Kausalverläufe in Gang setzt.[37] Damit können z. B. verfügbare Datenressourcen nach neuen Erkenntnissen durchsucht werden; je nach Ergebnis verändert die KI dann selbständig ihren ursprünglich programmierten Algorithmus und passt ihn den gefunden Ergebnissen an.[38] Vereinfacht ausgedrückt ist es ausreichend, der starken KI einige Kennzahlen in Form von Befehlen basierend auf verschiedenen Basismodulen zur Verfügung zu stellen und die KI erschließt sich daraus eine Systematik, die sie wiederum in einen Algorithmus umsetzt, der im Anschluss eigene Entscheidungen trifft, sobald er Daten empfängt, die nach der Logik des Algorithmus einen bestimmten Rückschluss zulassen.[39]

Die Einsatzmöglichkeiten im HR Prozess sind vielfältig. Software kann zur Analyse der eigenen Mitarbeiter, zur Prüfung der Fähigkeiten und Talente von Bewerbern sowie zur Unterstützung bei der Aus- und Bewertung von Bewerbern eingesetzt werden. Die Leistungen dieser intelligenten Tools gehen weit über die Leistungen herkömmlicher Datenbanksysteme und Standard-Business-Lösungen hinaus.

Auch die Form des Einsatzes bietet ein weites Spektrum. Möglichkeiten bestehen z. B. im Rahmen des sogenannten „People Analytics". Die klassische Psychologie versteht hierunter die Zusammenfassung verschiedener Persönlichkeitsmerkmale, die einen Rückschluss auf das generelle Verhaltensprofil zulassen.[40] Der Einsatz von People Analytics erfolgt sowohl intern für die Mit-

35 Ergebnispapier Künstliche Intelligenz und Recht im Kontext Industrie 4.0, BMWi März 2019, https://www.plattform-i40.de/PI40/Redaktion/DE/Downloads/Publikation/kuenstliche-intelligenz-und-recht.pdf?__blob=publicationFile&v=6, zuletzt abgerufen am 16.01.2020.

36 Z. B. Deep Learning (es handelt sich hierbei um eine spezielle Methode der Informationsverarbeitung und einen Teilbereich des Machine Learnings. Deep Learning nutzt neuronale Netze, um große Datensätze zu analysieren) und künstlicher neuronaler Netze (es handelt sich um Deep-Learning-Algorithmen. Diese bestehen aus vielen Schichten linearer und nichtlinearer Verarbeitungseinheiten. Mit steigender Anzahl von Neuronen und Schichten wird die Darstellung komplexerer Sachverhalte ermöglicht). Vgl. bigdata-insider.de/was-ist-deep-learning-a-603129/, zuletzt abgerufen am 06.01.2021.

37 Ergebnispapier Künstliche Intelligenz und Recht im Kontext Industrie 4.0, BMWi März 2019, https://www.plattform-i40.de/PI40/Redaktion/DE/Downloads/Publikation/kuenstliche-intelligenz-und-recht.pdf?__blob=publicationFile&v=6, zuletzt abgerufen am 16.01.2020.

38 Wie vor.

39 Vgl. auch zum Begriff der künstlichen Intelligenz: *Ernst*, JZ 2017, 1026, 2017.

40 Vgl. *Haußmann*, RdA 2019, 131, 132.

arbeiteranalyse (Krankheitsbilder, Leistungsverhalten, Wechselbereitschaft) als auch extern zum Recruiting. Eine Option liegt auch darin, dass zunächst durch eine Mitarbeiteranalyse der im Unternehmen vorhandenen Leistungsträger eine vergleichende Untersuchung der Lebensläufe und der Verhaltensmuster erfolgt, aus der sich sodann gemeinsame Merkmale herausfiltern lassen. Die so erlangten Erkenntnisse lassen sich dann auf die Bewerberauswahl übertragen. Ob es sinnvoll ist, eine gleichdenkende Führungsebene im Unternehmen zu haben oder ob nicht gerade unterschiedliche Denkweisen die Innovation und damit den Erfolg fördern, sei an dieser Stelle dahingestellt. Auch sei kurz darauf hingewiesen, dass bei dem Abgleich interner Mitarbeiter zuvor eine Einwilligung eingeholt werden sollte.

Eine weitere gern genutzte Analysemöglichkeit ist die Auswertung des Stils von Abschlussarbeiten (Dissertationen, Diplom-/Master-/Bachelorarbeiten). Bei diesen lassen sich aufgrund der Häufigkeiten verwendeter Begriffe, des Textaufbaus und des Schreibstils interessante Rückschlüsse auf die Persönlichkeit ziehen.

Allerdings sind bei diesen weitreichenden Möglichkeiten auch rechtliche Grenzen zu beachten. Analysen, die Rückschlüsse auf die Persönlichkeit zulassen und damit über die Kenntnisse hinausgehen, die regelmäßig für die Durchführung eines Arbeitsverhältnisses erforderlich sind, stellen einen Eingriff in das allgemeine Persönlichkeitsrecht aus Art. 1 Abs. 1, Art. 2 Abs. 1 Grundgesetz (GG) dar. Sie bedürfen demnach einer besonderen Rechtfertigung. Zwar liegen nach derzeitigem Kenntnisstand noch keine höchstrichterlichen Entscheidungen vor; allerdings dürfte die bisherige Rechtsprechung des BAG zur früheren Analyse handgeschriebener Lebensläufe durch graphologische Gutachten übertragbar sein. Hier hatte das BAG[41] geurteilt, dass stets eine ausdrückliche Zustimmung des Bewerbers erforderlich sei, da es ansonsten an einem den Eingriff rechtfertigenden Grund fehlen würde.

Auch der Datenschutz ist hier wieder zu beachten. Bei der Verwertung/Analyse von Mitarbeiterdaten lässt sich zwar argumentieren, dass diese im Grunde anonymisiert erhoben werden, aufgrund des eingegrenzten Personenkreises (z. B. bei Analyse der Führungskräfte) sind jedoch Rückschlüsse möglich. Möglich wäre ggf. eine Rechtfertigung über Art. 6 Abs. 1b) DS-GVO in Verbindung mit § 28 BDSG mit der Erforderlichkeit der Daten für die Durchführung des Beschäftigungsverhältnisses. Sofern die Daten dann jedoch als Datengrundlage für Recruiting Zwecke weitergenutzt werden sollen, erscheint eine mögliche Rechtfertigung hierüber fraglich. Empfehlenswert ist daher auch hier, vorab die Einwilligung der betroffenen Mitarbeiter einzuholen.

Eine weitere Variante zur Persönlichkeitsanalyse, die sich derzeit immer größerer Beliebtheit erfreut, ist der Einsatz von Sprach-/Stimmanalysetools. Diese werden häufig bei einem ersten Telefoninterview eingesetzt. Der Bewerber merkt dabei nicht einmal, dass er nicht mit einer natürlichen Person spricht. Hinterlegt sind Fragen, die von üblichen Fragen wie Nennung positiver und negativer Eigenschaften hin zu doch eher ungewöhnlichen Ereignissen, wie der Nennung des glücklichsten und traurigsten Momentes innerhalb der letzten drei Wochen, reichen. Das KI System überprüft dann anhand von stimmlichen Parametern und linguistischen Merkmalen, wel-

41 BAG, Urteil vom 16.09.1982, 2 AZR 228/80, NJW 1984, 446, angefügt als Anlage 5.

ches Persönlichkeitsprofil ein Bewerber besitzt und ob dieses mit den Anforderungen der Stelle übereinstimmt.

Das KI-System wird jedoch häufig auch dazu eingesetzt, den Bewerber nach personenbezogenen Daten zu fragen. Datenschutzrechtlich unproblematisch ist dabei die Erhebung von Stammdaten wie Name, Anschrift, Telefonnummer und E-Mailadresse.

Die darüber hinaus gehende Erhebung von anderen sogenannten schutzwürdigen Daten wie der ethnischen Herkunft, Religion oder Weltanschauung, Behinderung, Vorstrafen, etc. ist datenschutzrechtlich nur eingeschränkt möglich. Die Erfragung dieser Informationen ist nur unter den Voraussetzungen des § 8 Abs. 1 AGG möglich.

Sofern das KI-System dazu eingesetzt wird die angeführten Daten zu erheben, so ist auf die von der Rechtsprechung entwickelten Kriterien zum Arbeitgeberfragerecht hinzuweisen. Auch die Zulässigkeit mittels KI gestellter Fragen ist somit daran zu messen, ob der Arbeitgeber ein berechtigtes, billigenswertes und zugleich schutzwürdiges Interesse an der Beantwortung seiner Fragen im Hinblick auf das Arbeitsverhältnis hat.[42]

Der Einsatz von KI ist jedoch nicht auf Erstinterviews begrenzt. KI ist, wie bereits aufgezeigt, vielfältig einsetzbar. So kommen potentielle Bewerber bereits im Vorfeld eines Bewerbungsverfahrens vermehrt mit KI in Berührung.

Ein Beispiel dafür bieten sogenannte Chatbots. Diese werden den Bewerbern bzw. Interessenten bereits auf den Websites der Unternehmen zur Verfügung gestellt. Die potentiellen Bewerber haben so die Möglichkeit, sich bereits während des Betrachtens der Stellenanzeige mit einem KI-System über grundsätzliche Fragen zu der vakanten Stelle auszutauschen.

KI stellt auch ein beliebtes Hilfsmittel zur Auswertung von CV/Lebensläufen dar. Das System analysiert den eingereichten Lebenslauf anhand von zuvor festgelegten Kriterien und ermittelt so, ob der Lebenslauf bzw. der Bewerber zur angebotenen Stelle passt. Überprüft wird dabei, ob der neue Bewerber übereinstimmende Daten mit demjenigen hat, der zuvor die Stelle innehatte, wobei wir wieder die Verlinkung zu der vorgeschalteten Mitarbeiteranalyse sehen.

7. Rechtliche Grenzen beim Einsatz von Künstlicher Intelligenz

a) Rechtliche Rahmenbedingungen beim Einsatz von KI im Bewerbungsverfahren

Der Einsatz von künstlicher Intelligenz muss sich innerhalb des gleichen rechtlichen Rahmens bewegen wie ein Bewerbungsverfahren ohne KI. Insoweit wurde bereits auf die von der Rechtsprechung entwickelten Grundsätze zum Arbeitgeberfragerecht hingewiesen.

Was passiert jedoch, wenn das auf künstlicher Intelligenz basierende System entgegen der gesetzlichen Vorschriften handelt?

42 BAG, Urteil vom 05.10.1995 – 2 AZR 923/94, NJW 1996, 2323, angefügt als Anlage 6; Richardi BetrVG/*Thüsing* BetrVG § 94 Rn. 13.

Als wohl bekanntestes Beispiel für das Versagen von KI ist der von Microsoft eingesetzte Chatbot Tay zu benennen. Der eingesetzte Chatbot sollte von jungen Menschen lernen, wie diese kommunizieren. Der Versuch scheiterte jedoch keine 24 Stunden später, da der Chatbot rassistische und beleidigende Beiträge verfasste.

Dass KI also auch im Bewerbungsprozess entgegen der gesetzlichen Vorschriften handeln könnte, ist kein fernliegender Gedanke. So könnte es zu dem Fall kommen, dass ein Sprachanalyse-Tool Bewerber schlechter bewertet, die aufgrund ihrer ethnischen Herkunft eine abweichende Sprachfärbung aufweisen. In diesen Fällen sieht sich der Arbeitgeber mit dem Vorwurf einer (mittelbaren) Benachteiligung im Sinne des AGG konfrontiert. Die Vorauswahl aufgrund der abweichenden Sprachfärbung dürfte als gem. § 19 I Nr. 2 iVm § 3 I 1 AGG verbotene unmittelbare Diskriminierung einzuordnen sein. Mit der Aussage, er habe die Diskriminierung weder mitbekommen noch gewollt, wird sich der Arbeitgeber nicht rechtfertigen können, da es auf subjektive Elemente gerade nicht ankommt.[43]

Dementsprechend sind Schadensersatzklagen auf Grundlage des AGG denkbar. Der Arbeitgeber ist bei einem Verstoß gegen das Benachteiligungsverbot gemäß § 15 Abs. 1 S. 1 AGG verpflichtet, den aus dem Verstoß resultierenden Schaden zu ersetzen. Aus § 15 Abs. 1 S. 2 AGG folgt, dass dies nur der Fall ist, wenn der Arbeitgeber die Pflichtverletzung auch zu vertreten hat. Insoweit ist bereits fraglich, ob das Verschuldenserfordernis europarechtswidrig ist.[44]

Welche Pflichtverletzung der Arbeitgeber zu vertreten hat, richtet sich nach den allgemeinen Regeln der §§ 276 ff. BGB. Hierbei sind zwei verschiedene Szenarien voneinander zu unterscheiden. Zum einen das Szenario, dass eine Benachteiligung aufgrund eines menschlich bedingten Fehlers herbeigeführt wird (1) und zum anderen, dass durch die KI selbst (aufgrund eines programmtechnischen Versagens) eine Benachteiligung entsteht (2).

Unproblematisch wird die Zurechnung des Verschuldens nach § 278 BGB immer dann sein, wenn die Benachteiligung durch menschliches Verhalten hervorgerufen wurde. Die Problematik begrenzt sich in dieser Konstellation auf die Frage, wer als Erfüllungsgehilfe des Arbeitgebers tätig geworden ist. In Betracht werden an dieser Stelle regelmäßig die zuständigen Personalleiter oder die Entwickler der KI kommen.

Deutlich komplizierter gestaltet sich die Zurechnung über § 278 BGB jedoch, wenn die KI selbst die Benachteiligung hervorgerufen hat. Eine Subsumtion eines KI-Systems unter den Begriff des Erfüllungsgehilfen gemäß § 278 BGB wird zumindest an dem Erfordernis des eigenen Verschuldens des Erfüllungsgehilfen scheitern. Denn unabhängig davon, ob man ein KI-System als Erfüllungsgehilfe ansieht, so ist der Entscheidungsprozess des KI schlussendlich immer auf den Willen des Entwicklers zurückzuführen, weshalb ein eigenes Verschulden des KI-Systems nicht vorliegt.[45]

43 Vgl. am Beispiel der Vergabe schlechterer Versicherungsbedingungen aufgrund des männlichen Geschlechts durch den Einsatz von KI bei Versicherungen, Bilski/Schmid: Verantwortungsfindung beim Einsatz maschinell lernender Systeme, NJOZ 2019, 657, 659.

44 Anzweifelnd: BAG, Urt. v. 18.5.2017 – 8 AZR 74/16, NZA 2017, 1530, 1537; ErfK/*Schlachter* AGG § 15 Rn. 1.

45 Günther/Böglmüller, BB 2017, 53, 55; Söbbing, InTer 2018, 64, 66.

Auch eine analoge Anwendung des § 278 BGB wird im Ergebnis scheitern. Zwar könnte man zugunsten des Bewerbers argumentieren, dass es für ihn keinen Unterschied machen kann, dass der Arbeitgeber sich anstatt eines Menschen eines technischen Systems bedient. Im Ergebnis wird man jedoch davon ausgehen müssen, dass der Bewerber durch die Beweislastumkehr des § 15 Abs. 1 S. 2 AGG ausreichen geschützt ist, sodass keine vergleichbare Interessenlage gegeben ist.[46]

Ungeachtet dieser Zurechnungsproblematik handelt es sich bei § 15 Abs. 2 AGG um eine verschuldensunabhängige Haftung, sodass zumindest ein Entschädigungsanspruch in Betracht kommt.

b) Regress des Arbeitgebers

Für den Fall, dass der Arbeitgeber in Anspruch genommen wird, stellt sich die Frage, ob dieser Regressmöglichkeiten hat.

Gegen den Hersteller des KI-Systems wird zu überlegen sein, ob die Ersatzansprüche nach den Grundsätzen zur Herstellerhaftung im Rahmen des Produkthaftungsgesetzes (ProdHaftG) in Betracht kommen. Hierbei stellt sich insbesondere die Frage, ob die KI als Produkt im Sinne des ProdHaftG anzusehen ist.[47] Mit der überwiegenden Ansicht wird derzeit Software nicht als Produkt im Sinne des ProdHaftG angesehen.[48] Insoweit dürfte eine Haftung des Herstellers nach dem ProdHaftG bereits aus diesem Grund derzeit noch ausscheiden.[49] Weitergehende Ansprüche nach allgemeinen deliktsrechtlichen Regelungen werden an dieser Stelle bewusst nicht aufgenommen.

Ein Regress bei dem KI-System als solches ist jedoch trotz intelligenten Handelns aktuell nicht gegeben. Das System als solches ist nach derzeitiger Rechtslage kein Rechtssubjekt und besitzt keine eigene Rechtspersönlichkeit.[50] Anders wäre hier ggf. zu argumentieren, wenn sich die Idee des Europäischen Parlamentes (bereits aus dem Jahr 2017) durchsetzt, die starke KI mit einer eigenen Rechtspersönlichkeit auszustatten. So kam der Vorschlag auf, eine „elektronische Rechtspersönlichkeit“ (ePerson) für intelligente Roboter und autonome Systeme einzuführen.[51] Da sich die starke KI jedoch weiterhin in der Entwicklung befindet und die derzeitigen Systeme alle noch

46 In Bezug auf § 280 Abs. 1 S. 2 BGB: MüKoBGB/*Grundmann* BGB § 278 Rn. 46

47 Diese Frage ist in der Rechtsprechung höchst umstritten; vgl. Anlage 7: Stellungnahme des Deutschen Anwaltsvereins zum vorläufigen Konzeptpapier der Europäischen Kommission zu den künftigen Leitlinien der Produkthaftungsrichtlinie, November 2018; sowie Anlage 8: Bericht der Kommission an das Europäische Parlament, den Rat und den Europäischen Wirtschafts- und Sozialausschuss; von einer Vertiefung wird an dieser Stelle abgesehen, da diese den vorliegenden Umfang übersteigen würde.

48 Bilski/Schmid: Verantwortungsfindung beim Einsatz maschinell lernender Systeme, NJOZ 2019, 657, 659, m. w. N.

49 Vgl. insoweit auch: Ergebnispapier Künstliche Intelligenz und Recht im Kontext Industrie 4.0, BMWi März 2019, https://www.plattform-i40.de/PI40/Redaktion/DE/Downloads/Publikation/kuenstliche-intelligenz-und-recht.pdf?__blob=publicationFile&v=6, zuletzt abgerufen am 16.01.2020.

50 *Söbbing*, InTer 2018,64, 66; *Günther/Böglmüller*, BB 2017, 53, 54.

51 Entschließung des Europäischen Parlaments vom 16.02.2017, 2015/2013/INL, S. 28.

unter den Begriff der schwachen KI gefasst werden und somit Verantwortlichkeiten zugewiesen werden können, wird derzeit keine Regelungsnotwendigkeit gesehen.[52]

c) Datenschutzrechtliche Grenzen

Der Einsatz von künstlicher Intelligenz im Bewerbungsverfahren findet seine Grenzen jedoch nicht nur im AGG, sondern auch im Datenschutz.[53] Gemäß Art. 22 Abs. 1 DS-GVO hat die betroffene Person das Recht, nicht einer ausschließlich auf einer automatisierten Verarbeitung – einschließlich Profiling – beruhenden Entscheidung unterworfen zu werden, die ihr gegenüber rechtliche Wirkung entfaltet oder sie in ähnlicher Weise erheblich beeinträchtigt. Telos dieser Norm ist zu verhindern, dass Entscheidungen ausschließlich automatisierten Verarbeitungsprozessen unterworfen werden.[54]

Von einer ausschließlich auf automatisierten Verarbeitung basierenden Entscheidung ist auszugehen, wenn eine menschliche Kontrolle nicht vorgesehen ist.[55] Dies ist nicht der Fall, wenn der Mensch vor der endgültigen Entscheidung in den Prozess einbezogen ist und den Vorgang der Maschine überprüft. Dementsprechend zulässig und nicht zu beanstanden ist eine automatisierte Vorauswahl nach objektiven Kriterien, sofern diese lediglich eine Entscheidungshilfe darstellt.[56]

Art. 22 Abs. 2 a) DS-GVO sieht für den Abschluss oder die Erfüllung eines Vertrages zwar Ausnahmen von dem dargestellten Grundsatz vor, ob Art. 22 Abs. 2 a) jedoch auf ein Online-Einstellungsverfahren ohne jeglichen menschlichen Zugriff Anwendung finden soll, bleibt aufgrund des Tatbestandsmerkmals der Erforderlichkeit jedoch zweifelhaft.[57]

8. Resümee

Die Kommunikation zwischen Arbeitgebern und potentiellen Arbeitnehmern hat sich im Laufe der Jahre massiv geändert. Die Generation Y ist mit Internet und mobiler Kommunikation aufgewachsen und setzt diese im Arbeitsalltag auch voraus. Umso wichtiger ist es für die Arbeitgeber, mit der Zeit zu gehen und die sozialen Medien und auch KI gezielt zur Mitarbeitergewinnung einzusetzen. Die Stellenausschreibung als solche genügt schon lang nicht mehr. Der Trend geht hin zu aktivem Recruiting. Trotz des Fachkräftemangels und des daraus resultierenden „war for talents“ sind jedoch die rechtlichen Rahmenbedingungen zu beachten.

52 Ergebnispapier Künstliche Intelligenz und Recht im Kontext Industrie 4.0, BMWi März 2019, https://www.plattform-i40.de/PI40/Redaktion/DE/Downloads/Publikation/kuenstliche-intelligenz-und-recht.pdf?__blob=publicationFile&v=6, zuletzt abgerufen am 16.01.2020.

53 Die Ausführungen beziehen sich ausschließlich auf die DS-GVO; inwieweit zukünftig bei dem Einsatz von KI und möglichen Pseudonymisierung auch die künftige ePrivacy Verordnung (für nicht personenbezogene Daten) einzubeziehen ist, wurde vorliegend nicht betrachtet.

54 Simitis/Hornung/Spiecker/*Scholz,* Datenschutzrecht, Art. 22 Rn. 26.

55 *Dzida,* BB 2019, 3060, 3067.

56 Simitis/Hornung/Spiecker/*Scholz,* Datenschutzrecht, Art. 22 Rn. 28.

57 Gola DS-GVO/*Schulz* DS-GVO Art. 22 Rn. 30.

Anlagen

Anlage 1:
Auszug der Datenschutzgrundverordnung (DS-GVO)

Art. 5 DSGVO
Grundsätze für die Verarbeitung personenbezogener Daten

(1) Personenbezogene Daten müssen

a) auf rechtmäßige Weise, nach Treu und Glauben und in einer für die betroffene Person nachvollziehbaren Weise verarbeitet werden („Rechtmäßigkeit, Verarbeitung nach Treu und Glauben, Transparenz“);

[...]

f) in einer Weise verarbeitet werden, die eine angemessene Sicherheit der personenbezogenen Daten gewährleistet, einschließlich Schutz vor unbefugter oder unrechtmäßiger Verarbeitung und vor unbeabsichtigtem Verlust, unbeabsichtigter Zerstörung oder unbeabsichtigter Schädigung durch geeignete technische und organisatorische Maßnahmen („Integrität und Vertraulichkeit“);

(2) Der Verantwortliche ist für die Einhaltung des Absatzes 1 verantwortlich und muss dessen Einhaltung nachweisen können („Rechenschaftspflicht“).

Art. 6 DSGVO
Rechtmäßigkeit der Verarbeitung

(1) [1]Die Verarbeitung ist nur rechtmäßig, wenn mindestens eine der nachstehenden Bedingungen erfüllt ist:

a) Die betroffene Person hat ihre Einwilligung zu der Verarbeitung der sie betreffenden personenbezogenen Daten für einen oder mehrere bestimmte Zwecke gegeben;

b) die Verarbeitung ist für die Erfüllung eines Vertrags, dessen Vertragspartei die betroffene Person ist, oder zur Durchführung vorvertraglicher Maßnahmen erforderlich, die auf Anfrage der betroffenen Person erfolgen;

[...]

[2]Unterabsatz 1 Buchstabe f gilt nicht für die von Behörden in Erfüllung ihrer Aufgaben vorgenommene Verarbeitung.

Art. 9 DSGVO
Verarbeitung besonderer Kategorien personenbezogener Daten

(1) Die Verarbeitung personenbezogener Daten, aus denen die rassische und ethnische Herkunft, politische Meinungen, religiöse oder weltanschauliche Überzeugungen oder die Gewerkschaftszugehörigkeit hervorgehen, sowie die Verarbeitung von genetischen Daten, biometrischen Daten

zur eindeutigen Identifizierung einer natürlichen Person, Gesundheitsdaten oder Daten zum Sexualleben oder der sexuellen Orientierung einer natürlichen Person ist untersagt.

(2) Absatz 1 gilt nicht in folgenden Fällen:

[...]

e) die Verarbeitung bezieht sich auf personenbezogene Daten, die die betroffene Person offensichtlich öffentlich gemacht hat,

[...]

(3) Die in Absatz 1 genannten personenbezogenen Daten dürfen zu den in Absatz 2 Buchstabe h genannten Zwecken verarbeitet werden, wenn diese Daten von Fachpersonal oder unter dessen Verantwortung verarbeitet werden und dieses Fachpersonal nach dem Unionsrecht oder dem Recht eines Mitgliedstaats oder den Vorschriften nationaler zuständiger Stellen dem Berufsgeheimnis unterliegt, oder wenn die Verarbeitung durch eine andere Person erfolgt, die ebenfalls nach dem Unionsrecht oder dem Recht eines Mitgliedstaats oder den Vorschriften nationaler zuständiger Stellen einer Geheimhaltungspflicht unterliegt.

(4) Die Mitgliedstaaten können zusätzliche Bedingungen, einschließlich Beschränkungen, einführen oder aufrechterhalten, soweit die Verarbeitung von genetischen, biometrischen oder Gesundheitsdaten betroffen ist.

Art. 22 DSGVO
Automatisierte Entscheidungen im Einzelfall einschließlich Profiling

(1) Die betroffene Person hat das Recht, nicht einer ausschließlich auf einer automatisierten Verarbeitung – einschließlich Profiling – beruhenden Entscheidung unterworfen zu werden, die ihr gegenüber rechtliche Wirkung entfaltet oder sie in ähnlicher Weise erheblich beeinträchtigt.

(2) Absatz 1 gilt nicht, wenn die Entscheidung

a) für den Abschluss oder die Erfüllung eines Vertrags zwischen der betroffenen Person und dem Verantwortlichen erforderlich ist,

b) aufgrund von Rechtsvorschriften der Union oder der Mitgliedstaaten, denen der Verantwortliche unterliegt, zulässig ist und diese Rechtsvorschriften angemessene Maßnahmen zur Wahrung der Rechte und Freiheiten sowie der berechtigten Interessen der betroffenen Person enthalten oder

c) mit ausdrücklicher Einwilligung der betroffenen Person erfolgt.

(3) In den in Absatz 2 Buchstaben a und c genannten Fällen trifft der Verantwortliche angemessene Maßnahmen, um die Rechte und Freiheiten sowie die berechtigten Interessen der betroffenen Person zu wahren, wozu mindestens das Recht auf Erwirkung des Eingreifens einer Person seitens des Verantwortlichen, auf Darlegung des eigenen Standpunkts und auf Anfechtung der Entscheidung gehört.

(4) Entscheidungen nach Absatz 2 dürfen nicht auf besonderen Kategorien personenbezogener Daten nach Artikel 9 Absatz 1 beruhen, sofern nicht Artikel 9 Absatz 2 Buchstabe a oder g gilt und angemessene Maßnahmen zum Schutz der Rechte und Freiheiten sowie der berechtigten Interessen der betroffenen Person getroffen wurden.

Art. 82 DSGVO
Haftung und Recht auf Schadenersatz

(1) Jede Person, der wegen eines Verstoßes gegen diese Verordnung ein materieller oder immaterieller Schaden entstanden ist, hat Anspruch auf Schadenersatz gegen den Verantwortlichen oder gegen den Auftragsverarbeiter.

(2) [1]Jeder an einer Verarbeitung beteiligte Verantwortliche haftet für den Schaden, der durch eine nicht dieser Verordnung entsprechende Verarbeitung verursacht wurde. [2]Ein Auftragsverarbeiter haftet für den durch eine Verarbeitung verursachten Schaden nur dann, wenn er seinen speziell den Auftragsverarbeitern auferlegten Pflichten aus dieser Verordnung nicht nachgekommen ist oder unter Nichtbeachtung der rechtmäßig erteilten Anweisungen des für die Datenverarbeitung Verantwortlichen oder gegen diese Anweisungen gehandelt hat.

(3) Der Verantwortliche oder der Auftragsverarbeiter wird von der Haftung gemäß Absatz 2 befreit, wenn er nachweist, dass er in keinerlei Hinsicht für den Umstand, durch den der Schaden eingetreten ist, verantwortlich ist.

(4) Ist mehr als ein Verantwortlicher oder mehr als ein Auftragsverarbeiter bzw. sowohl ein Verantwortlicher als auch ein Auftragsverarbeiter an derselben Verarbeitung beteiligt und sind sie gemäß den Absätzen 2 und 3 für einen durch die Verarbeitung verursachten Schaden verantwortlich, so haftet jeder Verantwortliche oder jeder Auftragsverarbeiter für den gesamten Schaden, damit ein wirksamer Schadensersatz für die betroffene Person sichergestellt ist.

(5) Hat ein Verantwortlicher oder Auftragsverarbeiter gemäß Absatz 4 vollständigen Schadenersatz für den erlittenen Schaden gezahlt, so ist dieser Verantwortliche oder Auftragsverarbeiter berechtigt, von den übrigen an derselben Verarbeitung beteiligten für die Datenverarbeitung Verantwortlichen oder Auftragsverarbeitern den Teil des Schadenersatzes zurückzufordern, der unter den in Absatz 2 festgelegten Bedingungen ihrem Anteil an der Verantwortung für den Schaden entspricht.

(6) Mit Gerichtsverfahren zur Inanspruchnahme des Rechts auf Schadenersatz sind die Gerichte zu befassen, die nach den in Artikel 79 Absatz 2 genannten Rechtsvorschriften des Mitgliedstaats zuständig sind.

Art. 83 DSGVO
Allgemeine Bedingungen für die Verhängung von Geldbußen

(1) Jede Aufsichtsbehörde stellt sicher, dass die Verhängung von Geldbußen gemäß diesem Artikel für Verstöße gegen diese Verordnung gemäß den Absätzen 4, 5 und 6 in jedem Einzelfall wirksam, verhältnismäßig und abschreckend ist.

(2) [1]Geldbußen werden je nach den Umständen des Einzelfalls zusätzlich zu oder anstelle von Maßnahmen nach Artikel 58 Absatz 2 Buchstaben a bis h und j verhängt. [2]Bei der Entscheidung über die Verhängung einer Geldbuße und über deren Betrag wird in jedem Einzelfall Folgendes gebührend berücksichtigt:

a) Art, Schwere und Dauer des Verstoßes unter Berücksichtigung der Art, des Umfangs oder des Zwecks der betreffenden Verarbeitung sowie der Zahl der von der Verarbeitung betroffenen Personen und des Ausmaßes des von ihnen erlittenen Schadens;

b) Vorsätzlichkeit oder Fahrlässigkeit des Verstoßes;

c) jegliche von dem Verantwortlichen oder dem Auftragsverarbeiter getroffenen Maßnahmen zur Minderung des den betroffenen Personen entstandenen Schadens;

d) Grad der Verantwortung des Verantwortlichen oder des Auftragsverarbeiters unter Berücksichtigung der von ihnen gemäß den Artikeln 25 und 32 getroffenen technischen und organisatorischen Maßnahmen;

e) etwaige einschlägige frühere Verstöße des Verantwortlichen oder des Auftragsverarbeiters;

f) Umfang der Zusammenarbeit mit der Aufsichtsbehörde, um dem Verstoß abzuhelfen und seine möglichen nachteiligen Auswirkungen zu mindern;

g) Kategorien personenbezogener Daten, die von dem Verstoß betroffen sind;

h) Art und Weise, wie der Verstoß der Aufsichtsbehörde bekannt wurde, insbesondere ob und gegebenenfalls in welchem Umfang der Verantwortliche oder der Auftragsverarbeiter den Verstoß mitgeteilt hat;

i) Einhaltung der nach Artikel 58 Absatz 2 früher gegen den für den betreffenden Verantwortlichen oder Auftragsverarbeiter in Bezug auf denselben Gegenstand angeordneten Maßnahmen, wenn solche Maßnahmen angeordnet wurden;

j) Einhaltung von genehmigten Verhaltensregeln nach Artikel 40 oder genehmigten Zertifizierungsverfahren nach Artikel 42 und

k) jegliche anderen erschwerenden oder mildernden Umstände im jeweiligen Fall, wie unmittelbar oder mittelbar durch den Verstoß erlangte finanzielle Vorteile oder vermiedene Verluste.

(3) Verstößt ein Verantwortlicher oder ein Auftragsverarbeiter bei gleichen oder miteinander verbundenen Verarbeitungsvorgängen vorsätzlich oder fahrlässig gegen mehrere Bestimmungen dieser Verordnung, so übersteigt der Gesamtbetrag der Geldbuße nicht den Betrag für den schwerwiegendsten Verstoß.

(4) Bei Verstößen gegen die folgenden Bestimmungen werden im Einklang mit Absatz 2 Geldbußen von bis zu 10 000 000 EUR oder im Fall eines Unternehmens von bis zu 2 % seines gesamten weltweit erzielten Jahresumsatzes des vorangegangenen Geschäftsjahrs verhängt, je nachdem, welcher der Beträge höher ist:

a) die Pflichten der Verantwortlichen und der Auftragsverarbeiter gemäß den Artikeln 8, 11, 25 bis 39, 42 und 43;

b) die Pflichten der Zertifizierungsstelle gemäß den Artikeln 42 und 43;

c) die Pflichten der Überwachungsstelle gemäß Artikel 41 Absatz 4.

(5) Bei Verstößen gegen die folgenden Bestimmungen werden im Einklang mit Absatz 2 Geldbußen von bis zu 20 000 000 EUR oder im Fall eines Unternehmens von bis zu 4 % seines gesamten weltweit erzielten Jahresumsatzes des vorangegangenen Geschäftsjahrs verhängt, je nachdem, welcher der Beträge höher ist:

a) die Grundsätze für die Verarbeitung, einschließlich der Bedingungen für die Einwilligung, gemäß den Artikeln 5, 6, 7 und 9;

b) die Rechte der betroffenen Person gemäß den Artikeln 12 bis 22;

c) die Übermittlung personenbezogener Daten an einen Empfänger in einem Drittland oder an eine internationale Organisation gemäß den Artikeln 44 bis 49;

d) alle Pflichten gemäß den Rechtsvorschriften der Mitgliedstaaten, die im Rahmen des Kapitels IX erlassen wurden;

e) Nichtbefolgung einer Anweisung oder einer vorübergehenden oder endgültigen Beschränkung oder Aussetzung der Datenübermittlung durch die Aufsichtsbehörde gemäß Artikel 58 Absatz 2 oder Nichtgewährung des Zugangs unter Verstoß gegen Artikel 58 Absatz 1.

(6) Bei Nichtbefolgung einer Anweisung der Aufsichtsbehörde gemäß Artikel 58 Absatz 2 werden im Einklang mit Absatz 2 des vorliegenden Artikels Geldbußen von bis zu 20 000 000 EUR oder im Fall eines Unternehmens von bis zu 4 % seines gesamten weltweit erzielten Jahresumsatzes des vorangegangenen Geschäftsjahrs verhängt, je nachdem, welcher der Beträge höher ist.

(7) Unbeschadet der Abhilfebefugnisse der Aufsichtsbehörden gemäß Artikel 58 Absatz 2 kann jeder Mitgliedstaat Vorschriften dafür festlegen, ob und in welchem Umfang gegen Behörden und öffentliche Stellen, die in dem betreffenden Mitgliedstaat niedergelassen sind, Geldbußen verhängt werden können.

(8) Die Ausübung der eigenen Befugnisse durch eine Aufsichtsbehörde gemäß diesem Artikel muss angemessenen Verfahrensgarantien gemäß dem Unionsrecht und dem Recht der Mitgliedstaaten, einschließlich wirksamer gerichtlicher Rechtsbehelfe und ordnungsgemäßer Verfahren, unterliegen.

(9) [1]Sieht die Rechtsordnung eines Mitgliedstaats keine Geldbußen vor, kann dieser Artikel so angewandt werden, dass die Geldbuße von der zuständigen Aufsichtsbehörde in die Wege geleitet und von den zuständigen nationalen Gerichten verhängt wird, wobei sicherzustellen ist, dass diese Rechtsbehelfe wirksam sind und die gleiche Wirkung wie die von Aufsichtsbehörden verhängten Geldbußen haben. [2]In jeden Fall müssen die verhängten Geldbußen wirksam, verhältnismäßig und abschreckend sein. [3]Die betreffenden Mitgliedstaaten teilen der Kommission bis zum 25. Mai 2018 die Rechtsvorschriften mit, die sie aufgrund dieses Absatzes erlassen, sowie unverzüglich alle späteren Änderungsgesetze oder Änderungen dieser Vorschriften.

Auszug Bundesdatenschutzgesetz (BDSG)

§ 26 BDSG
Datenverarbeitung für Zwecke des Beschäftigungsverhältnisses

(1) [1]Personenbezogene Daten von Beschäftigten dürfen für Zwecke des Beschäftigungsverhältnisses verarbeitet werden, wenn dies für die Entscheidung über die Begründung eines Beschäftigungsverhältnisses oder nach Begründung des Beschäftigungsverhältnisses für dessen Durchführung oder Beendigung oder zur Ausübung oder Erfüllung der sich aus einem Gesetz oder einem Tarifvertrag, einer Betriebs- oder Dienstvereinbarung (Kollektivvereinbarung) ergebenden Rechte und Pflichten der Interessenvertretung der Beschäftigten erforderlich ist. [2]Zur Aufdeckung von Straftaten dürfen personenbezogene Daten von Beschäftigten nur dann verarbeitet werden, wenn zu dokumentierende tatsächliche Anhaltspunkte den Verdacht begründen, dass

die betroffene Person im Beschäftigungsverhältnis eine Straftat begangen hat, die Verarbeitung zur Aufdeckung erforderlich ist und das schutzwürdige Interesse der oder des Beschäftigten an dem Ausschluss der Verarbeitung nicht überwiegt, insbesondere Art und Ausmaß im Hinblick auf den Anlass nicht unverhältnismäßig sind.

(2) [1]Erfolgt die Verarbeitung personenbezogener Daten von Beschäftigten auf der Grundlage einer Einwilligung, so sind für die Beurteilung der Freiwilligkeit der Einwilligung insbesondere die im Beschäftigungsverhältnis bestehende Abhängigkeit der beschäftigten Person sowie die Umstände, unter denen die Einwilligung erteilt worden ist, zu berücksichtigen. [2]Freiwilligkeit kann insbesondere vorliegen, wenn für die beschäftigte Person ein rechtlicher oder wirtschaftlicher Vorteil erreicht wird oder Arbeitgeber und beschäftigte Person gleichgelagerte Interessen verfolgen. [3]Die Einwilligung hat schriftlich oder elektronisch zu erfolgen, soweit nicht wegen besonderer Umstände eine andere Form angemessen ist. [4]Der Arbeitgeber hat die beschäftigte Person über den Zweck der Datenverarbeitung und über ihr Widerrufsrecht nach Artikel 7 Absatz 3 der Verordnung (EU) 2016/679 in Textform aufzuklären.

(3) [1]Abweichend von Artikel 9 Absatz 1 der Verordnung (EU) 2016/679 ist die Verarbeitung besonderer Kategorien personenbezogener Daten im Sinne des Artikels 9 Absatz 1 der Verordnung (EU) 2016/679 für Zwecke des Beschäftigungsverhältnisses zulässig, wenn sie zur Ausübung von Rechten oder zur Erfüllung rechtlicher Pflichten aus dem Arbeitsrecht, dem Recht der sozialen Sicherheit und des Sozialschutzes erforderlich ist und kein Grund zu der Annahme besteht, dass das schutzwürdige Interesse der betroffenen Person an dem Ausschluss der Verarbeitung überwiegt. [2]Absatz 2 gilt auch für die Einwilligung in die Verarbeitung besonderer Kategorien personenbezogener Daten; die Einwilligung muss sich dabei ausdrücklich auf diese Daten beziehen. [3] § 22 Absatz 2 gilt entsprechend.

(4) [1]Die Verarbeitung personenbezogener Daten, einschließlich besonderer Kategorien personenbezogener Daten von Beschäftigten für Zwecke des Beschäftigungsverhältnisses, ist auf der Grundlage von Kollektivvereinbarungen zulässig. [2]Dabei haben die Verhandlungspartner Artikel 88 Absatz 2 der Verordnung (EU) 2016/679 zu beachten.

(5) Der Verantwortliche muss geeignete Maßnahmen ergreifen, um sicherzustellen, dass insbesondere die in Artikel 5 der Verordnung (EU) 2016/679 dargelegten Grundsätze für die Verarbeitung personenbezogener Daten eingehalten werden.

(6) Die Beteiligungsrechte der Interessenvertretungen der Beschäftigten bleiben unberührt.

(7) Die Absätze 1 bis 6 sind auch anzuwenden, wenn personenbezogene Daten, einschließlich besonderer Kategorien personenbezogener Daten, von Beschäftigten verarbeitet werden, ohne dass sie in einem Dateisystem gespeichert sind oder gespeichert werden sollen.

(8) [1]Beschäftigte im Sinne dieses Gesetzes sind:

1. Arbeitnehmerinnen und Arbeitnehmer, einschließlich der Leiharbeitnehmerinnen und Leiharbeitnehmer im Verhältnis zum Entleiher,

2. zu ihrer Berufsbildung Beschäftigte,

3. Teilnehmerinnen und Teilnehmer an Leistungen zur Teilhabe am Arbeitsleben sowie an Abklärungen der beruflichen Eignung oder Arbeitserprobung (Rehabilitandinnen und Rehabilitanden),

4. in anerkannten Werkstätten für behinderte Menschen Beschäftigte,

5. Freiwillige, die einen Dienst nach dem Jugendfreiwilligendienstegesetz oder dem Bundesfreiwilligendienstgesetz leisten,

6. Personen, die wegen ihrer wirtschaftlichen Unselbständigkeit als arbeitnehmerähnliche Personen anzusehen sind; zu diesen gehören auch die in Heimarbeit Beschäftigten und die ihnen Gleichgestellten,

7. Beamtinnen und Beamte des Bundes, Richterinnen und Richter des Bundes, Soldatinnen und Soldaten sowie Zivildienstleistende.

[2]Bewerberinnen und Bewerber für ein Beschäftigungsverhältnis sowie Personen, deren Beschäftigungsverhältnis beendet ist, gelten als Beschäftigte.

§ 28 BDSG
Datenverarbeitung zu im öffentlichen Interesse liegenden Archivzwecken

(1) [1]Abweichend von Artikel 9 Absatz 1 der Verordnung (EU) 2016/679 ist die Verarbeitung besonderer Kategorien personenbezogener Daten im Sinne des Artikels 9 Absatz 1 der Verordnung (EU) 2016/679 zulässig, wenn sie für im öffentlichen Interesse liegende Archivzwecke erforderlich ist. [2]Der Verantwortliche sieht angemessene und spezifische Maßnahmen zur Wahrung der Interessen der betroffenen Person gemäß § 22 Absatz 2 Satz 2 vor.

(2) Das Recht auf Auskunft der betroffenen Person gemäß Artikel 15 der Verordnung (EU) 2016/679 besteht nicht, wenn das Archivgut nicht durch den Namen der Person erschlossen ist oder keine Angaben gemacht werden, die das Auffinden des betreffenden Archivguts mit vertretbarem Verwaltungsaufwand ermöglichen.

(3) [1]Das Recht auf Berichtigung der betroffenen Person gemäß Artikel 16 der Verordnung (EU) 2016/679 besteht nicht, wenn die personenbezogenen Daten zu Archivzwecken im öffentlichen Interesse verarbeitet werden. [2]Bestreitet die betroffene Person die Richtigkeit der personenbezogenen Daten, ist ihr die Möglichkeit einer Gegendarstellung einzuräumen. [3]Das zuständige Archiv ist verpflichtet, die Gegendarstellung den Unterlagen hinzuzufügen.

(4) Die in Artikel 18 Absatz 1 Buchstabe a, b und d, den Artikeln 20 und 21 der Verordnung (EU) 2016/679 vorgesehenen Rechte bestehen nicht, soweit diese Rechte voraussichtlich die Verwirklichung der im öffentlichen Interesse liegenden Archivzwecke unmöglich machen oder ernsthaft beeinträchtigen und die Ausnahmen für die Erfüllung dieser Zwecke erforderlich sind.

Anlage 2:
LG Heidelberg, Urteil vom 23.05.2012 – 1 S 58/11, MMR 2012, 607

Leitsatz: 1. Wer auf der Plattform XING unter Verwendung der Firma, für die er tätig ist, ein Profil erstellt und dort geschäftliche Gründe für seinen Auftritt benennt, handelt geschäftlich. Dies gilt jedenfalls, wenn er eine Nachricht über diese Plattform an eine Person richtet, mit der er bislang nicht bekannt war.

2. Das Abwerben auf diesem Wege ist unlauter, wenn Formulierungen wie „Sie wissen ja hoffentlich, was Sie sich da angetan haben?" und „Sie wissen ja hoffentlich, in was für einem Unternehmen Sie gelandet sind?" verwendet werden.

Aus den Gründen:

[...]

Der Bekl. hat auch geschäftlich gehandelt gem. §§ 8 Abs. 1 Satz 1, 2 Abs. 1 Nr. 1 UWG, als er die Mitarbeiter der Kl. über die Plattform XING kontaktierte. Geschäftliche Handlung ist das Verhalten zu Gunsten eines eigenen oder fremden Unternehmens, das mit der Förderung des Absatzes von Dienstleistungen oder dem Bezug von Dienstleistungen oder dem Abschluss von Verträgen über Dienstleistungen objektiv zusammenhängt. Eine geschäftliche Handlung liegt dann nicht vor, wenn eine natürliche Person nicht als Unternehmer, sondern als Verbraucher im Eigeninteresse handelt (*Köhler/Bornkamm*, a. a. O., § 2 Rdnr. 18). Insofern ist eine objektive Betrachtungsweise unter Berücksichtigung der Umstände des Einzelfalls entscheidend (*OLG Karlsruhe* GRUR-RR 2010, 47). Hier hat der Bekl. durch seinen Auftritt auf der Plattform XING den objektiven Anschein einer unternehmensbezogenen Tätigkeit gesetzt. Er hat kein Profil als Privatperson erstellt, sondern unter Verwendung der Firma, für die er tätig ist. Darüber hinaus hat er geschäftliche Gründe für seinen Auftritt bei XING benannt, nämlich das Generieren von Neugeschäften und Aufträgen sowie das Finden neuer Mitarbeiter. Unter Berücksichtigung dieser Umstände war es für den objektiven Betrachter fernliegend, von einem privaten Handeln des Bekl. auszugehen, wenn dieser über die Plattform XING Nachrichten versandte. Dies gilt umso mehr, wenn der Empfänger der Nachricht – so wie hier – mit dem Bekl. bislang nicht bekannt oder befreundet war und sich die Nachrichten auf berufliche Tätigkeiten beziehen. Schließlich sind die vom Bekl. versandten Nachrichten auch zur Beeinflussung des Absatzes von Dienstleistungen geeignet. Sie nehmen inhaltlich zur Qualität des Unternehmens der Kl. und zu deren Eigenschaften als Arbeitgeberin Stellung und können daher die Entscheidung von Mitarbeitern der Kl. über die Aufrechterhaltung ihrer Arbeitsverhältnisse beeinflussen.

[...]

Es liegt eine wettbewerbswidrige Herabsetzung der Kl. als Mitbewerberin vor, § 4 Nr. 7 UWG. Die Herabsetzung eines Mitbewerbers ist zu bejahen, wenn die Handlung geeignet ist, die Wertschätzung des betroffenen Mitbewerbers in den Augen der angesprochenen Verkehrskreise zu verringern. Die Handlung muss die Interessen des Mitbewerbers nach Abwägung zwischen dem Informationsinteresse der Verbraucher und der Meinungsfreiheit in unverhältnismäßiger Weise beeinträchtigen. Grds. unzulässig sind Schmähkritik sowie bloße pauschale und unsachliche abfällige Äußerungen ohne jeden Informationsgehalt (Köhler/Bornkamm, a. a. O., § 4 Rdnr. 7.19; Piper/Ohly/Sosnitza, UWG, 5. Aufl. 2010, § 4 Rdnr. 7.12). So liegt der Fall auch hier. Der Bekl. hat sich durch die Formulierungen „Sie wissen ja hoffentlich, was Sie sich da angetan haben?“ und „Sie wissen ja hoffentlich, in was für einem Unternehmen Sie gelandet sind?“ abwertend über die Kl. geäußert, ohne diesen Abwertungen konkrete Informationen beizufügen. Eine solche negative Darstellung des Unternehmens der Kl. und ihrer Qualitäten als Arbeitgeber ohne jegliche sachliche Begründung greift unverhältnismäßig in die berechtigten Interessen der Kl. auf angemessene Darstellung in der Öffentlichkeit ein.

Weiter liegt eine gezielte Behinderung der Kl. durch unlauteres Abwerben von Mitarbeitern vor, § 4 Nr. 10 UWG. Das *Gericht* geht entgegen dem Vortrag des Bekl. davon aus, dass der Bekl. mit den über XING versandten Nachrichten Mitarbeiter von der Kl. abwerben wollte. Insofern ist wieder der objektive Erklärungsgehalt der versandten Nachrichten entscheidend. Der Bekl. hat am Schluss der an D. S. versandten Nachricht mitgeteilt, „Bei Fragen gebe ich gerne Auskunft.“. Dies kann aus Sicht eines objektiven Empfängers nur als Versuch der Kontaktaufnahme und, da der Bekl. ebenfalls als Personaldienstleister im IT-Bereich aufgetreten ist, als Versuch der Abwerbung des angesprochenen Mitarbeiters gesehen werden. Die Abwerbung von Mitarbeitern ist zwar grds. zulässig, nicht aber, wenn wettbewerbsrechtlich unlautere Begleitumstände hinzukommen wie z. B. herabsetzende Äußerungen über den bisherigen Arbeitgeber (*Köhler/Bornkamm,* a. a. O., § 4 Rdnr. 10.104; *Küttner,* Personalhandbuch, Kap. 3 Rdnr. 4). Da hier die Kontaktaufnahme mit den Mitarbeitern der Kl. mit unzulässigen herabsetzenden Äußerungen verbunden wurde, liegt eine wettbewerbswidrige Abwerbung vor.

Anlage 3:
BGH, Urteil vom 22.11.2007 – I ZR 183/04, NJW 2008, 855

Leitsatz: Ein Personalberater, der bei einem ersten Telefongespräch, das er mit einem Arbeitnehmer eines Mitbewerbers seines Auftraggebers zur Personalsuche an dessen Arbeitsplatz führt, dem Arbeitnehmer Daten zu dessen Lebenslauf und bisherigen Tätigkeiten vorhält, geht über das für eine erste Kontaktaufnahme Notwendige hinaus und handelt daher wettbewerbswidrig

Aus den Gründen:

[...]

Danach ist eine erste Kontaktaufnahme nicht wettbewerbswidrig, wenn der Mitarbeiter lediglich nach seinem Interesse an einer neuen Stelle befragt, diese kurz beschrieben und gegebenenfalls eine Kontaktmöglichkeit außerhalb des Unternehmens besprochen wird. Ein solcher erster Telefonanruf am Arbeitsplatz muss sich auf das zur ersten Kontaktaufnahme Notwendige beschränken. Eine wenige Minuten überschreitende Gesprächsdauer ist ein Indiz dafür, dass der Personalberater bereits den ersten Kontakt in wettbewerbswidriger Weise, insbesondere zu einem unzulässigen Umwerben des Angerufenen, genutzt hat. Der Personalberater ist gehalten, nachdem er sich bekannt gemacht und den Zweck seines Anrufs mitgeteilt hat, zunächst festzustellen, ob der Angerufene an einer Kontaktaufnahme als solcher und zu diesem Zeitpunkt Interesse hat. Nur wenn dies der Fall ist, darf der Personalberater die in Rede stehende offene Stelle knapp umschreiben und, falls das Interesse des Mitarbeiters danach fortbesteht, eine Kontaktmöglichkeit außerhalb des Arbeitsbereichs verabreden. Ein zu Abwerbungszwecken geführtes Telefongespräch, das über eine solche Kontaktaufnahme hinausgeht, ist als unlauterer Wettbewerb zu beurteilen (BGHZ 158, 174 [180,185] = NJW 2004, 2080 = GRUR 2004, 696 = NZA 2004, 794 – Direktansprache am Arbeitsplatz I; vgl. dazu *Köhler*, in: *Hefermehl/Köhler/Bornkamm*, 25. Aufl., § 7 UWG Rdnr. 65; *Omsels*, in: *Harte/Henning*, UWG, § 4 Nr. 10 Rdnr. 32; *Fezer/Götting*, UWG, §§ 4–10 Rdnrn. 43 f.; *Wulf*, NJW 2004, 2424 [2425]; *Dittmer*, EWiR 2004, 881).

[...]

Anlage 4:
LG Bonn, Urteil vom 03.01.2013 – 14 O 165/12, BeckRS 2013, 2814

Leitsatz: Es belästigt einen Arbeitgeber unzumutbar i. S. von § 7 Abs. 1 UWG, wenn ein Headhunter im Rahmen der telefonischen Abwerbung von Arbeitnehmern verwerfliche Mittel und Methoden einsetzt. Dies ist beispielsweise der Fall, wenn ein Headhunter seine wahre Identität verbirgt, um von der Telefonzentrale zum umworbenen Mitarbeiter durchgestellt zu werden.

Aus den Gründen:

[…]

Nicht jedes Ansprechen eines vertraglich an einen Konkurrenten gebundenen Mitarbeiters ist unzulässig. Der volkswirtschaftlich erwünschte Leistungswettbewerb bedarf eines möglichst ungebundenen Spiels der Kräfte auch auf dem Arbeitsmarkt. In Ansehung des Bedarfs an qualifizierten Arbeitskräften einerseits und der Berufsausübungsfreiheit für Personalvermittler andererseits, ist zur Bewertung der Frage, ob das auf Abwerbung zielende Verhalten eine wettbewerbswidrige Eigenart aufweist, eine Abwägung der Interessen aller beteiligten Marktteilnehmer notwendig (Köhler a. a. O., Rdn. 175 zu § 7 UWG m. w. N.). Bei der Bewertung ist ein Kriterium die Anwendung verwerflicher Mittel und Methoden (Köhler, a. a. O. Rn. 10.104 zu § 4 UWG). Die Kammer hat schon in anderer Sache die Auffassung vertreten, dass die Grenze zu einer unzulässigen Behinderung im Sinne von § 4 Nr. 10 UWG überschritten wird, wenn der Anrufer einen Mitarbeiter des Arbeitgebers über seine Identität täuscht (Rechtsgedanke aus §§ 6 TMG, 5 a Abs. 3 Nr. 2; 7 Abs. 2 Nr. 4 UWG). Entsprechendes gilt für die Subsumtion unter § 7 Abs. 1 UWG: Bei einer Identitätstäuschung wird der Arbeitgeber auch unzumutbar belästigt, denn es ist ein elementarer Grundsatz wettbewerblichen Anstands, dass der Wettbewerbsteilnehmer sich offen zu seiner Identität bekennt und diese nicht verbirgt (vgl. OLG Düsseldorf, GRUR-RR 2004, 25 – zu §§ 1, 3 UWG a. F., 35 a GmbHG).

[…]

Anlage 5:
BAG, Urteil vom 16.09.1982 – 2 AZR 228/80, NJW 1984, 446

Leitsatz: 1. Ein bereits in Vollzug gesetzter Arbeitsvertrag kann grundsätzlich nicht mit rückwirkender Kraft angefochten werden. Das gilt jedoch dann nicht uneingeschränkt, wenn das Arbeitsverhältnis – aus welchen Gründen auch immer – zwischenzeitlich wieder außer Funktion gesetzt worden ist. In diesem Falle wirkt die Anfechtung auf den Zeitpunkt der Außerfunktionssetzung des Arbeitsvertrages zurück.

2. Fordert der Arbeitgeber die Vorlage eines „handgeschriebenen Lebenslaufes“, so erwartet er einen vom Stellenbewerber „eigenhändig“ geschriebenen Lebenslauf.

3. In der Einreichung eines handgeschriebenen Lebenslaufes liegt jedenfalls dann zugleich auch die Einwilligung zur Einholung eines graphologischen Gutachtens, wenn der Stellenbewerber in einem Begleitschreiben auf die Vorzüge der angewandten Graphologie hinweist.

Aus den Gründen:

[...]

Die bloße Anforderung eines handgeschriebenen Lebenslaufes ist zur Vervollständigung des Persönlichkeitsbildes in der betrieblichen Praxis vielfach üblich und kann aus Ordnungsgesichtspunkten grundsätzlich nicht mißbilligt werden. Soll der handgeschriebene Lebenslauf allerdings der Einholung eines graphologischen Gutachtens dienen, so bedarf es wegen der damit verbundenen Gefährdung des durch die Art. 1 Abs. 1 und Art. 2 Abs. 1 GG geschützten Persönlichkeitsrechte der ausdrücklichen Einwilligung des Betroffenen. Es gehört zum Selbstbestimmungsrecht des Menschen, selbst frei darüber entscheiden zu können, ob und inwieweit er dem Ausleuchten seiner Persönlichkeit mit Mitteln, die über jedermann zur Verfügung stehende Erkenntnismöglichkeiten hinausgehen, gestatten will; die Einholung eines graphologischen Gutachtens ohne Einwilligung des Betroffenen ist unzulässig und verpflichtet nach §§ 823, 847 BGB gegebenenfalls zum Schadensersatz (vgl. LAG Freiburg, NJW 1976, 310; Wiese, ZfA 1971, 292 f., 311 ff. m. w. Nachw.).

Anlage 6: BAG, Urteil vom 05.10.1995 – 2 AZR 923/94, NJW 1996, 2323

Leitsatz: Die Frage des Arbeitgebers nach der Schwerbehinderteneigenschaft des Stellenbewerbers ist auch dann uneingeschränkt zulässig, wenn die Behinderung, auf der die Anerkennung beruht, tätigkeitsneutral ist (Fortführung von BAG, NZA 1994, 407 = NJW 1994, 1363 = AP Nr. 38 zu § 123 BGB). Die unrichtige Beantwortung der Frage nach der Schwerbehinderteneigenschaft kann die Anfechtung des Arbeitsvertrages wegen arglistiger Täuschung nach § 123 BGB rechtfertigen.

Aus den Gründen:

[...]

Nach ständiger Rechtsprechung des BAG (seit BAGE 5, 159 = NJW 1958, 516 = AP Nr. 2 zu § 123 BGB; zuletzt BAG, NZA 1994, 407 = NJW 1994, 1363 = AP Nr. 38 zu § 123 BGB m. w. Nachw.) kann grundsätzlich der Arbeitsvertrag auch durch Anfechtung gem. § 123 Abs. 1 BGB beendet werden. Der Tatbestand der arglistigen Täuschung gem. § 123 BGB setzt in objektiver Hinsicht voraus, daß der Täuschende durch Vorspiegelung oder Entstellung von Tatsachen beim Erklärungsgegner einen Irrtum erregt und ihn zur Abgabe einer Willenserklärung veranlaßt. Die Täuschung kann auch in einem Verschweigen von Tatsachen bestehen, wenn der Erklärende zur Offenbarung der entsprechenden Tatsache verpflichtet ist. Nicht jede falsche Angabe des Arbeitnehmers bei den Einstellungsverhandlungen stellt danach bereits eine arglistige Täuschung i. S. des § 123 BGB dar, sondern nur eine falsche Antwort auf eine zulässig gestellte Frage (Senat, NZA 1991, 719 = NJW 1991, 2723 = AP Nr. 35 zu § 123 BGB). Ein Fragerecht des Arbeitgebers bei den Einstellungsverhandlungen wird nur insoweit anerkannt, als der Arbeitgeber ein berechtigtes, billigenswertes und schutzwürdiges Interesse an der Beantwortung seiner Frage im Hinblick auf das Arbeitsverhältnis hat. Ein solches berechtigtes Interesse ist nur dann gegeben, wenn das Interesse des Arbeitgebers so gewichtig ist, daß dahinter das Interesse des Arbeitnehmers, seine persönlichen Lebensumstände zum Schutz seines Persönlichkeitsrechts und zur Sicherung der Unverletzlichkeit seiner Individualsphäre geheimzuhalten, zurückzutreten hat (vgl. Senat, NZA 1985, 57 = NJW 1985, 645 = AP Nr. 26 zu § 123 BGB).

Anlage 7: Stellungnahme des Deutschen Anwaltvereins durch den Ausschuss Informationsrecht zum vorläufigen Konzeptpapier der Europäischen Kommission zu künftigen Leitlinien zur Produkthaftungsrichtlinie

Der Deutsche Anwaltverein (DAV) ist der freiwillige Zusammenschluss der deutschen Rechtsanwältinnen und Rechtsanwälte. Der DAV mit derzeit ca. 64 500 Mitgliedern vertritt die Interessen der deutschen Anwaltschaft auf nationaler, europäischer und internationaler Ebene.

Der DAV regt an, zu überlegen, ob die Produkthaftungsrichtlinie nicht nach 30 Jahren noch stärker den technischen Entwicklungen angepasst werden muss. Dies gilt insbesondere für die Frage der Haftung für Produkte, bei denen die sie steuernde Software regelmäßig verändert wird, insbesondere für Produkte, in die selbst lernende autonome Systeme integriert sind, und für Fragen der Haftung für eine ein Produkt steuernde unverkörperte Datei. Auch die Frage der Anpassung muss daher dringend diskutiert werden. Dabei sollte im Hinblick auf die Produkte, die sich selbst lernender autonomer Systeme bedienen, auch eine Gefährdungshaftung eingeführt werden, wie sie z. B. im Bereich von Kraftfahrzeugen in der Halterhaftung (§ 7 StVG) schon existiert.

1.

Das Papier greift wichtige Fragen auf, die sich aus der Praxis der Anwendung der Produkthaftungsrichtlinie und aus der technischen Entwicklung der letzten dreißig Jahre ergeben.

Es beschränkt sich aber auf den Versuch, die Produkthaftungsrichtlinie im Hinblick auf die Erfahrungen und insbesondere die technische Entwicklung ergänzend zu interpretieren. Die Richtlinie selbst soll unverändert bleiben. Dies beschränkt die Betrachtung, ist aber auch deswegen hilfreich, weil so deutlich wird, welche Fälle von der Richtlinie umfasst sind und welche nicht. Es zeigt sich freilich, dass insbesondere die technische Weiterentwicklung Fragen aufwirft, die von der Richtlinie nicht oder nicht eindeutig beantwortet werden. Es ist daher angezeigt, an einigen Stellen über eine Änderung der Richtlinie nachzudenken.

2.

Die erste, aus Sicht des Deutschen Anwaltvereins für das Informationsrecht wichtige Frage, die im Konzept erörtert wird, ist die, ob Software ein Produkt im Sinne der Richtlinie ist. Das Konzept stellt dabei die verschiedenen Meinungen unter 4.1 dar, äußert sich aber nicht abschließend. Dies ist unbefriedigend. Zum Zeitpunkt des Richtlinienerlasses spielte Software, die von Verbrauchern genutzt wurde, in der Praxis noch eine geringe Rolle. Heute ist die Nutzung von Software Alltag. Dabei wird nicht nur in andere Produkte eingebaute („embedded“) Software verwandt. Es wird vielmehr auch Software genutzt, die etwa zur Erzeugung von Texten, zur Bearbeitung von Bildern oder zum Hören von Musik einzeln heruntergeladen oder von einem Datenträger aus installiert wird. Schon solche Produkte können durch Beschädigung von Dateien erhebliche Sachschäden anrichten. Zunehmend wird aber Software auch in anderen Produkten, sogar in der medizinischen Diagnostik, durch Laien eingesetzt. Durch die Verwendung von Software können damit auch Gesundheitsbeeinträchtigungen entstehen.

Deswegen ist es wichtig, hier Klarheit zu schaffen. Trotz vieler Diskussionen in der Literatur (dafür in der deutschen juristischen Literatur schon Koutses/Lutterbach, RDV 1989, 5 (6 f.); Meier/Wehlau, CR 1990, 95 (98 f.); Heymann, CR 1990, 176; aber auch MünchKomm/Wagner, § 2 ProdHaftG, Rn. 17 ff.; mit ausführlicher Begründung: Günther, Produkthaftung für Informationsgüter, Köln 2001, S. 668 ff.; Sodtalbers, Softwarehaftung im Internet, Frankfurt a. M. 2006, Rn. 156 ff.; offengelassen bei Schneider, Praxis des EDV-Rechts, Rn. V 168) ergibt sich keine rechtssichere Einordung von Software. Auch gab es in der Vergangenheit durchaus Stimmen in der Literatur, nach denen Individualsoftware kein Produkt darstellen soll (etwa Kort, CR 1990, 171, 175; Meier/Wehlau CR 1990, 95, 99). Zudem fehlt es an Rechtsprechung zu dieser Frage. Das Konzept sollte hier klar Stellung in dem Sinne beziehen, dass Software ein Produkt im Sinne der Richtlinie ist. Abzuwägen sind die Risiken von durch Software jeder Art möglicherweise verursachten Schäden gegenüber den Risiken des Programmanbieters, welche diesen davon abhalten könnten, das Programm überhaupt im Markt anzubieten. Zu evaluieren ist, ob derartige Anbieter dann privilegiert werden sollten, wenn die Software quelloffen ausgeliefert wird.

3.

Diese Fragen stellen sich in besonderer Weise, wenn Software Teil eines anderen Gegenstandes ist und im Laufe der Zeit neue Versionen dieser Software heruntergeladen werden. Das Ursprungsprodukt unterfällt insgesamt der Richtlinie (so auch das Konzept unter (23)). Werden neue Softwareversionen heruntergeladen, so soll für Fehler dieser Versionen bzw. des von diesen Versionen gesteuerten Produkts der Hersteller des Produkts haften, wenn die Software automatisch vom Produkt heruntergeladen wird oder wenn dies der Kunde dort tut, wo es der Hersteller empfohlen hat oder wenn die Quelle der Software mit ihm verbunden ist (Konzept (61)). Er soll nicht haften, wenn der Kunde eigenmächtig Software herunterlädt.

In beiden Fällen stellt sich aber wieder die Frage, ob der Hersteller der Software ebenfalls nach der Produkthaftungsrichtlinie verantwortlich ist, ggf. neben dem Hersteller des Produkts. Dazu schweigt das Konzept. Es wäre wichtig, auch hier klarzustellen, dass auch diese Software, die dazu bestimmt ist, in einem anderen Produkt zur Anwendung zu kommen, Produkt im Sinne der Produkthaftungsrichtlinie ist, mithin ihr Hersteller bei Fehlern haften kann.

Ferner bleibt in diesem Zusammenhang unkommentiert, dass ein Produkt gerade durch regelmäßige Softwareupdates ständig verändert wird, so dass fraglich ist, ob bei derartigen Produkten ein fixer Zeitpunkt für das sogenannte Inverkehrbringen überhaupt sinnvoll sein kann. Zumal gerade auf diesen Zeitpunkt abgestellt wird, wenn es um die Frage des möglichen Ausschlusses der Ersatzpflicht des Herstellers für ein fehlerhaftes Produkt geht. Die Richtlinie wurde zu einer Zeit geschaffen, zu der es derartige, sich ständig ändernde Produkte noch nicht gab. Besser wäre es daher, wenn man zukünftig immer dann ein erneutes Inverkehrbringen annehmen kann, sobald das jeweilige Produkt ein Soft-wareupdate vom Hersteller erhält.

4.

In dem Konzept wird nur relativ kurz festgestellt, dass sich ein Hersteller, der sich bei der Produktherstellung autonomer und selbstlernender Systeme bedient, nach den allgemeinen Grundsätzen auch für solche Produkte aufgrund der von der Richtlinie intendierten Risikozuweisung haftet. Insbesondere könne sich ein solcher Hersteller nicht allein darauf berufen, dass er – aufgrund der autonomen Entscheidungen des Produktionssystems – den Defekt nach dem Stand der Wissenschaft und Technik zum Zeitpunkt des Inverkehrbringens nicht hätte erkennen und verhindern können. Dies wird jedenfalls in weiten Teilen der Literatur auch anders gesehen, da derartige autonome Entscheidungen je nach Qualität des Systems und der genutzten künstlichen Intelligenz gerade nicht mehr vorhersehbar sind und damit keinen Pflichtverstoß des Herstellers begründen können (vgl. Grützmacher, CR 2016, 695 (696 f.); Bräutigam/Klindt, NJW 2015, 1137 (1139)).

5.

Die Ausführungen zur Herstellereigenschaft bei 3D-Druck (Konzept (27 (d)) sollten vertieft werden. Insbesondere die Fallkonstellation, bei der eine CAD-Datei von einem Unternehmen zum Ausdruck durch einen Verbraucher vertrieben wird, ist in der Praxis problematisch. In der Stellungnahme wird angedeutet, dass bei einem durch einen Verbraucher fehlerhaft ausgedruckten Produkt Ansprüche gegen den Hersteller des 3D- Druckers und den Hersteller der CAD-Datei bestehen können. Während die Haftung des 3D-Druckherstellers bei einem Druckfehler naheliegt, besteht bei der CAD-Datei die Problematik, dass diese als nicht-verkörperte Datei kein Produkt oder Teilprodukt sowie auch kein Grundstoff im Sinne der Richtlinie ist. Eine Haftung kann daher nur über eine entsprechende weite Auslegung des Herstellerbegriffs herbeigeführt werden, zu der jedoch keine weiteren Ausführungen in dem Konzept gemacht werden (vgl. Korte/Istrefi, DB 2018, 2482 (2483 f.) zur weiten Auslegung und zur analogen Anwendung von § 1 Abs. 3 ProdHaftG für Konstruktions- und Programmierfehler einer CAD-Datei beim 3D-Druck). Ferner hätte man auch klarer zum Ausdruck bringen sollen, dass eine Haftung des Herstellers der CAD-Datei sich nur auf solche Fehler beschränken kann, die sich später auch im Endprodukt auswirken (vgl. hierzu Korte/Istrefi, DB 2018, 2482 (2484)).

6.

Das Konzept erörtert die Sachqualität von Software nur unter dem Aspekt, ob fehlerhafte Software ein fehlerhaftes Produkt, also eine fehlerhafte bewegliche Sache sein kann. Nicht erörtert wird, ob die Beschädigung von Software (durch andere, fehlerhafte Software) als haftungsgründende Beschädigung einer Sache (Art. 9 der Richtlinie) anzusehen ist.

Anlage 8: Bericht der Kommission an das Europäische Parlament, den Rat und den Europäischen Wirtschafts- und Sozialausschuss über die Anwendung der Richtlinie des Rates zur Angleichung der Rechts- und Verwaltungsvorschriften der Mitgliedstaaten über die Haftung für fehlerhafte Produkte

1. Einleitung

Seit mehr als drei Jahrzehnten gewährleistet die Produkthaftungsrichtlinie[1] (nachfolgend „die Richtlinie"), dass die Hersteller gegenüber den Verbrauchern für fehlerhafte Produkte haften. Bei ihrer Annahme im Jahr 1985 war die Richtlinie ein mutiges und modernes Instrument, das erhebliche Anpassungen der Zivilgesetzgebungen der Mitgliedstaaten erforderte.

Die Richtlinie war eine der ersten EU-Rechtsvorschriften, die ausdrücklich darauf abzielten, die Verbraucher zu schützen. Durch sie wurde das Konzept der verschuldensunabhängigen Haftung eingeführt, wonach die Hersteller für fehlerhafte Produkte haften, unabhängig davon, ob sie den Fehler verursacht haben. Ferner soll mit der Richtlinie ein Beitrag zum Wirtschaftswachstum geleistet werden, indem ein stabiles und rechtssicheres Umfeld mit gleichen Wettbewerbsbedingungen geschaffen wird, das es Unternehmen ermöglicht, innovative Produkte auf den Markt zu bringen.

Die Richtlinie ergänzt die Produktsicherheitsvorschriften der EU und das sogenannte „neue Konzept" für die Produktsicherheit. Durch das „neue Konzept", das zur selben Zeit wie die Richtlinie eingeführt wurde, sollen Unfälle vermieden werden, indem gemeinsame Sicherheitsvorschriften[2] festgelegt werden, durch die der Binnenmarkt für Waren reibungslos funktionieren und der Verwaltungsaufwand verringert werden kann. Die Richtlinie ist eine Art Sicherheitsnetz, wenn es dennoch zu Unfällen kommt.

Heute haben wir nicht mehr 1985. Die EU und ihre Vorschriften zur Produktsicherheit haben sich ebenso wie Wirtschaft und Technologie weiterentwickelt. Viele heute verfügbare Produkte wären in den 1980er Jahren noch als Science-Fiction betrachtet worden. Die heutigen Herausforderungen, die in Zukunft wohl noch drängender werden, betreffen die Digitalisierung, das Internet der Dinge, künstliche Intelligenz, die Cybersicherheit und noch anderes mehr.

Das exponentielle Wachstum bei Rechenleistung, Datenverfügbarkeit und Fortschritten bei den Algorithmen machen insbesondere die künstliche Intelligenz zu einer der wichtigsten Technologien des 21. Jahrhunderts. Die Kommission hat eine Mitteilung mit dem Titel „Maximising the benefits of Artificial Intelligence" („Den Nutzen von künstlicher Intelligenz optimieren")[3]

1 Richtlinie 85/374/EWG des Rates vom 25. Juli 1985 zur Angleichung der Rechts- und Verwaltungsvorschriften der Mitgliedstaaten über die Haftung für fehlerhafte Produkte, http://data.europa.eu/eli/dir/1985/374/oj.

2 Heute deckt dieser „Rechtsvorschriftstypus" den weitaus größten Teil der auf den EU-Märkten verfügbaren Produkte ab. Er wird ständig aktualisiert, um mit den technologischen Entwicklungen Schritt zu halten.

3 Mitteilung der Kommission „Maximising the Benefits of Artificial Intelligence for Europe" (COM(2018) 237).

angenommen, um für ein kohärentes politisches Konzept zu sorgen, bei dem auch rechtliche Probleme berücksichtigt werden. Produktsicherheit und -haftung – sollten Schäden eintreten – sind ein wesentlicher Aspekt bei der Suche nach einer politischen Lösung, wenn gewährleistet werden soll, dass die Gesellschaft, Unternehmen und Verbraucher Europas von künstlicher Intelligenz profitieren.

Da die Richtlinie nach ihrem Inkrafttreten noch nie bewertet worden ist, hat die Kommission – angesichts dieser jüngsten technischen Entwicklungen – eine Bewertung der Richtlinie vorgenommen, um zu beurteilen, wie sie sich bewährt. Bei der Bewertung wurden die jüngsten technologischen Entwicklungen berücksichtigt. Im Einzelnen wurde untersucht, ob die Richtlinie: i) die ursprünglichen Ziele weiterhin wirksam erreicht, ii) effizient ist, iii) mit den einschlägigen EU-Vorschriften übereinstimmt, iv) nach wie vor relevant ist, indem die jüngsten technologischen Veränderungen berücksichtigt werden, sowie v) ob das EU-Produkthaftungsrecht für Unternehmen und Geschädigte weiterhin einen Mehrwert darstellt.[4]

Bei der Bewertung wurde ebenfalls geprüft, ob die Richtlinie in ihrer derzeitigen Form noch ihren Zweck erfüllt. Trägt sie den Herausforderungen im Zusammenhang mit zunehmend autonomen Geräte und Cybersicherheit angemessen Rechnung? Wie sieht es in puncto Nachhaltigkeit und der Verwirklichung einer Kreislaufwirtschaft aus? Schreckt die Richtlinie Hersteller unnötigerweise davon ab, innovative Produkte in Verkehr zu bringen? Oder umgekehrt: Hält sie Hersteller vom Inverkehrbringen fehlerhafter und unsicherer Produkte ab? Werden Geschädigte in einer Welt im Wandel noch immer geschützt?

Die Bewertung hat gezeigt, dass die Produkthaftungsrichtlinie nach wie vor ein geeignetes Instrument ist, auch wenn die Produkte heute wesentlich komplexer sind als 1985.

Allerdings müssen wir das rechtliche Verständnis bestimmter Begriffe (z. B. Produkt, Hersteller, Fehler, Schaden und Beweislast) präzisieren und uns näher mit bestimmten Produkten (z. B. Arzneimittel) befassen, die eine Herausforderung für die Leistungsfähigkeit der Richtlinie darstellen können.

Außerdem hat eine vorläufige Analyse der Frage, wie sich die neuen digitalen Technologien auf das Funktionieren der Richtlinie auswirken, eine Reihe von Problemen aufgezeigt. Angesichts dieses Befundes wird die Kommission eine groß angelegte Konsultation durchführen, um mit allen Interessenträgern zu einem gemeinsamen Verständnis zu gelangen. Ziel ist es, einen umfassenden Leitfaden für die zeitgemäße Anwendung der Richtlinie zu erstellen. Darüber hinaus wird sie prüfen, inwieweit neue digitale Technologien in der derzeitigen Richtlinie angemessen berücksichtigt werden können. Der Leitfaden und die Bewertung werden uns helfen, den Weg für einen Produkthaftungsrahmen zu ebnen, der für die digitale industrielle Revolution geeignet ist.

Wir wollen dafür sorgen, dass: i) die EU auch in Zukunft über ein innovationsförderndes Produkthaftungssystem verfügt, ii) in der EU in Verkehr gebrachte Produkte sicher sind[5] und iii)

4 Arbeitsunterlage der Kommissionsdienststellen: „Evaluation of Council Directive 85/374/EEC“ (Bewertung der Richtlinie 85/374/EWG des Rates) (SWD(2018) 157).

5 Über die bereits bestehenden Produktvorschriften hinaus.

Personen, die durch fehlerhafte Produkte geschädigt werden, bei Unfällen Schadenersatz fordern können. Wir tragen sowohl für die Unternehmen als auch für die Menschen, die geschädigt werden, eine Verantwortung. Dies ist unsere Marschrichtung. Wir müssen umsichtig und vernünftig durch die nächsten technologischen Veränderungen navigieren, um beide Ziele gleichermaßen zu erreichen.

2. Die wesentlichen Merkmale der Richtlinie

Die Richtlinie gilt für alle beweglichen Waren, auch wenn sie in eine andere bewegliche Ware eingebaut sind, und schließt ausdrücklich die Elektrizität ein. Außerdem wird das Konzept der **verschuldensunabhängigen Haftung** der Hersteller[6] eingeführt. Nach den EU-Sicherheitsvorschriften[7] haften die Hersteller für ihre Produkte. Wenn ein Produkt schadhaft ist und Personen- oder Sachschäden von über 500 EUR an einem Gegenstand, der vor allem für den privaten Ge- oder Verbrauch bestimmt ist, verursacht, haften die Hersteller unabhängig davon, ob sie schuldhaft gehandelt haben oder nicht. Ein Produkt gilt als fehlerhaft, wenn es nicht die Sicherheit bietet, die eine Person erwarten darf.[8]

Beispiel: *Beim Fahren eines Autos musste eine Person einem unerwartet auftretenden Hindernis ausweichen. Sie kam von der Straße ab, und ihr Fahrzeug wurde kräftig durchgeschüttelt. Die Airbagsensoren hielten dies für einen Unfall und lösten die Airbags aus. Einer der seitlichen Airbags traf den Fahrer am Hals, drückte die Arterie zusammen und verursachte einen Schlaganfall. Die Gerichte versuchten festzustellen, ob der Hersteller das Risiko einer Fehlfunktion der Sensoren korrekt berechnet hatte. Die Forderung wurde von zwei Instanzen abgewiesen, dann aber auf einer höheren Ebene für nichtig erklärt. Der Fall wurde letztlich außergerichtlich beigelegt.*

Die verschuldensunabhängige Haftung ist ein wirksames Instrument zum Schutz von Geschädigten. Es gibt jedoch eine Reihe von Umständen, unter denen die Richtlinie den Herstellern erlaubt, bestimmte kalkulierte Risiken beim Inverkehrbringen innovativer Produkte einzugehen. Der Hersteller haftet nicht, wenn er nachweisen kann, dass: i) der Fehler nicht vorlag, als das Produkt in Verkehr gebracht wurde, ii) der Fehler darauf zurückzuführen ist, dass das Produkt verbindlichen hoheitlich erlassenen Normen entspricht oder iii) aufgrund des technischen Kenntnisstandes zum Zeitpunkt des Inverkehrbringens die Feststellung des Fehlers nicht möglich war. Die Mitgliedstaaten haben die Möglichkeit, von der letztgenannten Ausnahme abzuweichen.

6 Unter den Begriff „Hersteller" fällt der Hersteller eines Endprodukts, eines Grundstoffs oder eines Teilprodukts sowie jede Person, die sich als Hersteller ausgibt, indem sie ihren Namen, ihr Warenzeichen oder ein anderes Erkennungszeichen auf dem Produkt anbringt (vgl. Artikel 3 der Richtlinie).

7 Nach den EU-Sicherheitsvorschriften haftet der Hersteller stets dafür, dass ein Produkt die Anforderungen der einschlägigen EU-Rechtsvorschriften erfüllt, selbst wenn eine obligatorische Konformitätsbewertung durch Dritte erfolgt.

8 Dabei werden alle Umstände berücksichtigt, einschließlich der Aufmachung des Produkts, seiner vernünftigerweise zu erwartenden Verwendung und der Zeit, zu der das Produkt in den Verkehr gebracht wurde. Gemäß Artikel 6 der Richtlinie darf ein Produkt nicht allein deshalb als fehlerhaft angesehen werden, weil anschließend ein besseres Produkt in den Verkehr gebracht wird.

***Beispiel**: Eine Person wurde schwer verletzt, als die Vorderbremse des gebrauchten Motorrads, das sie fuhr, ohne Warnung blockierte und sie vom Rad geworfen wurde. Das Motorrad war gut gewartet worden, hatte einen niedrigen Kilometerstand und war erst zwei Jahre alt. Der Kläger klagte in erster Instanz und gewann. Der Einspruch des Herstellers scheiterte, weil das Gericht erklärte, dass der Kläger nicht nachweisen musste, dass ein bestimmter Entwicklungs- und Herstellungsfehler vorlag, damit ein Mangel konstatiert werden kann, und dass er auch nicht nachweisen musste, wie der Fehler verursacht wurde. Der Kläger hatte lediglich nachzuweisen, dass ein Mangel zu dem maßgeblichen Zeitpunkt vorlag und dies zu dem Unfall führte. Das Gericht befand aufgrund des Sachverständigengutachtens, dass ein Defekt an den Bremsen dieses Motorrads vorgelegen haben musste. Diese Anfälligkeit war bei anderen Motorrädern desselben Typs nicht gegeben, sodass das Gericht zu Recht davon ausgehen konnte, dass diese besonderen Bremsen defekt waren und der Kläger seinen Fall glaubhaft vorgebracht hatte.*

Ab dem Tag, an dem ihnen der Fehler bekannt wird, haben Geschädigte drei Jahre Zeit, um Schadenersatz zu verlangen. Ansprüche verfallen 10 Jahre, nachdem das Produkt in Verkehr gebracht wurde. Um ihre Ansprüche geltend zu machen, müssen die Geschädigten den Schaden, den Fehler und den ursächlichen Zusammenhang zwischen dem Fehler und dem Schaden nachweisen.

3. Umsetzung der Richtlinie

Gemäß der Richtlinie muss die Kommission dem Rat und dem Europäischen Parlament alle fünf Jahre über ihre Umsetzung Bericht erstatten.[9] Dies ist der fünfte Bericht, und er wird durch eine Bewertung ergänzt.

Die Kommission erhielt im Berichtszeitraum 2011–2017 keine Beschwerden und leitete kein Vertragsverletzungsverfahren ein. In der Richtlinie jedoch nicht alle Aspekte der Produkthaftung geregelt oder vereinheitlicht. Es gibt Raum für unterschiedliche nationale Regelungen, z. B. für Systeme zur Schadensregulierung oder zum Nachweis von Schäden. Diese bleiben den Mitgliedstaaten überlassen. Die Mitgliedstaaten können auch andere einzelstaatliche Regelungen für die verschuldensabhängige Haftung der Hersteller einführen oder beibehalten.

Fünf Mitgliedstaaten haben die „Ausnahmeregelung für das Entwicklungsrisiko“ nach Artikel 15 Absatz 1 Buchstabe b der Richtlinie übernommen, nach der ein Hersteller auch dann haftet, wenn der vorhandene Fehler nach dem Stand der Wissenschaft und Technik zu dem Zeitpunkt, zu dem das betreffende Produkt in den Verkehr gebracht wurde, nicht erkannt werden konnte.

9 KOM(95) 617 endg., KOM(2000) 893 endg., KOM(2006) 496 endg. und KOM(2011) 547 endg. In früheren Berichten wurde ein Anstieg der Zahl der mit der Richtlinie zusammenhängenden Fälle festgestellt. Es wurde ferner ein breiter Konsens darüber festgestellt, dass es einen Produkthaftungsrahmen auf EU-Ebene geben muss. Allerdings werden bestimmte Diskussionen über einige der in der Richtlinie verwendeten Begriffe, z. B. über die Beweislast, schon lange geführt. Abgesehen von der Ausweitung des Anwendungsbereichs der Richtlinie durch die Richtlinie 1999/34/EG hat die Kommission keine Änderung in Betracht gezogen.

Zwei Mitgliedstaaten wenden diese Regelung auf alle Branchen[10] an, zwei weitere schließen speziell Arzneimittel[11] aus, einer schließt Produkte des menschlichen Körpers[12] aus.

Die Ergebnisse der Bewertung lassen darauf schließen, dass die meisten Produkthaftungsklagen zwischen 2000 und 2016 außergerichtlich gelöst wurden. 46 % der Fälle wurden in direkten Verhandlungen, 32 % vor Gericht, 15 % durch alternative Streitbeilegungsverfahren und 7 % durch andere Mittel, z. B. durch den Versicherer der haftenden Partei, gelöst.[13] In der für die Bewertung in Auftrag gegebenen externen Studie wurden 798 Produkthaftungsklagen im Zeitraum von 2000 bis 2016 ermittelt.[14] Es ist jedoch wahrscheinlich, dass die Zahl der Fälle in Wahrheit höher lag und nicht alle Fälle in den abgefragten öffentlichen und privaten Datenbanken enthalten waren. Die am stärksten betroffenen Produkte sind Rohstoffe (21,2 % der Fälle), Arzneimittel (16,1 %), Fahrzeuge (15,2 %) und Maschinen (12,4 %). Die festgestellten Arten von Schäden beziehen sich auf die Merkmale der einzelnen Produkte.[15]

4. Rechtsprechung des Gerichtshofs 2011–2017

Während die Zahl der Gerichtsverfahren auf nationaler Ebene und in den betroffenen Branchen nicht auf die Prävalenz einer bestimmten Branche hindeutet, zeigt sich ein anderes Bild, wenn man Fälle betrachtet, die vor den Gerichtshof der Europäischen Union gebracht wurden. Die vier Urteile des Gerichtshofs im Berichtszeitraum betrafen Medizinprodukte und Arzneimittel, was auf spezifische Probleme bei der Anwendung der Richtlinie auf Gesundheitsprodukte hinweisen könnte.

In einem Fall, in dem ein Patient während eines chirurgischen Eingriffs Verbrennungen durch ein fehlerhaftes Krankenhausbett erlitten hatte, bestätigte der Gerichtshof, dass die Richtlinie nur für Hersteller gilt und nicht für Dienstleister, die möglicherweise Produkte verwenden, die sich als fehlerhaft erweisen.[16] Die Richtlinie hindert die Mitgliedstaaten jedoch nicht daran, für die Dienstleister eine verschuldensunabhängige Haftung vorzusehen, solange sie die in der Richtlinie vorgesehene verschuldensunabhängige Haftung der Hersteller für ihre Produkte in keiner Weise einschränken.

10 Finnland und Luxemburg.

11 Nach dem ungarischen Zivilgesetzbuch ist der Hersteller eines pharmazeutischen Erzeugnisses selbst dann haftbar, wenn der Stand der wissenschaftlichen und technischen Kenntnisse zu dem Zeitpunkt, zu dem das Arzneimittel in den Verkehr gebracht wurde, nicht solcherart war, dass der Fehler festgestellt werden konnte. In ähnlicher Weise heißt es im spanischen königlichen Gesetzesdekret Nr. 1/2007 vom 16. November 2007, dass die Hersteller von Arzneimitteln oder Lebensmitteln, die für den menschlichen Verzehr bestimmt sind, nicht die in Artikel 15 Absatz 1 Buchstabe b der Richtlinie vorgesehene Ausnahme in Anspruch nehmen können.

12 Frankreich.

13 Diese Prozentsätze beruhen auf den Antworten auf die öffentliche Konsultation und sind Durchschnittswerte aus den 28 Mitgliedstaaten.

14 Technopolis: Evaluation Study of Council Directive 85/374/EEC on the approximation of laws, regulations and administrative burdens of the Member States concerning liability for defective products (Bewertungsstudie zur Richtlinie 85/374/EWG des Rates zur Angleichung der Rechts- und Verwaltungsvorschriften der Mitgliedstaaten über die Haftung für fehlerhafte Produkte).

15 Angaben beruhen auf der Analyse von 547 Fällen nach der Kombinierten Nomenklatur.

16 Urteil vom 21. Dezember 2011, Rechtssache C-495/10.

Der größte Stolperstein auf dem Weg zu Schadenersatzleistungen ist die Beweislast des Geschädigten beim Nachweis, dass ein Kausalzusammenhang zwischen dem Produktfehler und dem Schaden besteht. Der Gerichtshof hat dies durch die Akzeptierung nationaler Vorschriften, die dem Geschädigten dabei helfen, diesen Nachweis zu erbringen, erheblich erleichtert; Voraussetzung ist, dass die Beweislast nach wie vor beim Geschädigten liegt, wie in der Richtlinie vorgesehen. So wies der Gerichtshof beispielsweise darauf hin, dass nationale Vorschriften, die den Verbrauchern das Recht einräumen, vom Hersteller eines Arzneimittels Auskünfte über dessen Nebenwirkungen zu verlangen, akzeptiert werden können, da sie nicht in den Anwendungsbereich der Richtlinie fallen.[17] Solche Regeln erleichtern es dem Geschädigten, die Haftung des Herstellers festzustellen. Darüber hinaus akzeptierte der Gerichtshof nationale Beweisregelungen, wonach ein nationales Gericht bestimmte faktische Beweismittel als ernsthafte, klare und übereinstimmende Indizien für einen Fehler eines Produkts betrachten kann, die einen ursächlichen Zusammenhang mit dem Schaden begründen können, selbst wenn keine schlüssigen wissenschaftlichen Beweise dafür vorliegen.[18] Vor allem bei Nebenwirkungen von Arzneimitteln, bei denen die Beweislage häufig nicht eindeutig ist, können Geschädigte so leichter Entschädigung erlangen. Der Gerichtshof wies ferner darauf hin, dass Produkte einer Gruppe oder derselben Produktionsserie mit einem potenziellen Fehler als fehlerhaft angesehen werden können, ohne dass der tatsächliche Fehler des einzelnen Produkts festzustellen ist.[19] Die Kosten der Maßnahme, die zur Beseitigung dieser potenziell fehlerhaften Produkte erforderlich ist, gelten demnach ebenfalls als Schäden im Sinne der Richtlinie.[20]

Beispiel: Schrittweise Verschlechterung von Herzschrittmachern: *Ein Hersteller von Herzschrittmachern informierte Ärzte, dass ein zur hermetischen Versiegelung seiner Herzschrittmacher verwendetes Bauteil möglicherweise einem sukzessiven Verfall unterliege. Dieser könne zur vorzeitigen Batterieerschöpfung mit Verlust der Telemetrie und/oder der Herzstimulationstherapie ohne Vorwarnung führen. Der Hersteller empfahl, solche Herzschrittmacher gegebenenfalls auszutauschen, und erklärte, er werde kostenlos Ersatzgeräte zur Verfügung stellen. Zwei Patienten erhielten kostenlose neue Herzschrittmacher. Die fehlerhaften Herzschrittmacher wurden ohne weitere Prüfung vernichtet. Das Versicherungsunternehmen forderte nach der Richtlinie Schadenersatz vom Hersteller, wobei auch die Kosten des Austauschs der Herzschrittmacher als Schaden geltend gemacht wurden.*

5. Bewertung der Richtlinie

Die Bewertung der Kommission stützt sich auf eine externe Studie, deren Ergebnisse in dem begleitenden Arbeitsdokument der Kommissionsdienststellen[21] analysiert werden. Im Rahmen der Bewertung wurde untersucht: (i) ob die Richtlinie ihre ursprünglichen Ziele, nämlich die

17 Urteil vom 20. November 2014, Rechtssache C-310/13.
18 Urteil vom 21. Juni 2017, Rechtssache C-621/15.
19 Urteil vom 5. März 2015 in den verbundenen Rechtssachen C-503/13 und C-504/13.
20 Ebenda.
21 Siehe begleitendes Arbeitspapier der Kommissionsdienststellen (SWD(2018) 157) zur Bewertung der Richtlinie.

Haftung der Hersteller, das Funktionieren des Binnenmarktes sowie den Schutz und die Entschädigung von Geschädigten sicherzustellen, noch erfüllt, und, (ii) ob sie Wirksamkeit, Effizienz, Kohärenz, Relevanz und EU-Mehrwert unter Beweis stellte.

5.1 Wirksamkeit

Die Interessenträger sind sich generell dessen bewusst, dass die Hersteller für Fehler ihrer Produkte haften. Die Industrie ist insgesamt mit der Richtlinie als Mittel zur Gewährleistung der Haftung für fehlerhafte Produkte zufrieden. Die Verbraucherorganisationen hingegen bemängeln, dass es für Geschädigte schwierig ist, einen Zusammenhang zwischen Schaden und Fehler nachzuweisen, insbesondere weil sie etwaige Kosten zur Erbringung dieses Nachweises verauslagen müssen und weil sie hinsichtlich der technischen Informationen über das Produkt benachteiligt sind. Die Bewertung ergab, dass dies den größten Stolperstein für die Verbraucher auf dem Weg zu einer Entschädigung darstellt. Dabei handelt sich jedoch um eine Vorschrift, die nicht aufgehoben werden kann. Die Schwelle von 500 EUR und die Verjährungsfrist für Schadenersatzansprüche (insbesondere bei bestimmten Produkten wie Arzneimittel) begrenzen auch die Zahl der Fälle, in denen Verbraucher auf Schadenersatz klagen können.

Insgesamt kann davon ausgegangen werden, dass die Richtlinie zu einem ausgewogenen Verhältnis zwischen dem Schutz jener, die geschädigt wurden, und der Gewährleistung eines fairen Wettbewerbs im Binnenmarkt beiträgt. Einige der Konzepte der Richtlinie erfordern jedoch Leitlinien und/oder Klarstellungen, da sie die Wirksamkeit der Richtlinie beeinträchtigen. Ein besseres gemeinsames Verständnis dessen, was unter „Produkt", „Schaden" und „Fehler" zu verstehen ist, sowie Klarstellungen zur Beweislast würden die Wirksamkeit der Richtlinie erhöhen.

Was die neuen Technologien betrifft, so konnten aufgrund fehlender Informationen über spezifische Gerichtsverfahren, Verbraucherbeschwerden oder einschlägige praktische Erfahrungen von Interessenträgern keine endgültigen Schlussfolgerungen gezogen werden.[22] Angesichts der besonderen Merkmale dieser Technologien (insbesondere ihrer Komplexität und Autonomie) muss die Kommission allen offenen Fragen weiterhin nachgehen. Einige dieser Merkmale können die Frage aufwerfen, ob der bestehende Produkthaftungsrahmen geeignet ist, einen wirksamen Rechtsschutz für die Verbraucher und die Stabilität der Investitionen von Unternehmen zu gewährleisten. Andere Aspekte können hingegen durch die geltende Richtlinie angemessen geregelt werden. Die Kommission wird etwaige Herausforderungen im Zuge der Folgemaßnahmen zu diesem Bericht eingehend prüfen.

5.2 Effizienz

Die Richtlinie zielt auf einen Interessenausgleich zwischen den Geschädigten und den Herstellern ab. Ihre Kostenverteilung stellt einen unmittelbaren Kompromiss dar: Was den Geschädigten zugutekommt, geht zulasten der Hersteller und umgekehrt. Die Hauptbelastung für die Her-

22 Die externe Studie, auf die sich die Bewertung stützte, konnte nur ein Gerichtsverfahren feststellen, bei dem der Streitgegenstand konkret mit den neuen digitalen Technologien zusammenhing. Der Fall bezog sich auf eine Datenspeichereinheit in Bulgarien. (Bulgarien, Fall Nr. 20942/2012).

steller ist die verschuldensunabhängige Haftung. Für die Verbraucher ergeben sich die Kosten aus der Beweislast, der Schwelle von 500 EUR und den Verjährungsfristen. Die Begriffe sind einfach, ihre Anwendung jedoch nicht in jedem Fall.

Insgesamt gilt die Richtlinie als effizient bei der Sicherstellung eines stabilen Rechtsrahmens für den Binnenmarkt und für die Harmonisierung des Verbraucherschutzes. Das mit der Richtlinie verbundene Kosten/Nutzen-Gleichgewicht erweist sich für die Geschädigten je nach Mitgliedstaat und Branche oder Produktart uneinheitlich. Die Kosten für den Nachweis eines Fehlers hängen davon ab, wie komplex ein Produkt ist. Bei pharmazeutischen Erzeugnissen beispielsweise sind die Kosten möglicherweise nicht gerecht zwischen Herstellern und Geschädigten verteilt. Darüber hinaus spielen auch andere Faktoren eine wichtige Rolle bei der Bestimmung der Effizienz der Richtlinie. Ein besonderer Faktor, der den größten Verwaltungsaufwand ausmacht, sind die Kosten und die Dauer der Gerichtsverfahren. Diese unterscheiden sich erheblich von einem Mitgliedstaat zum anderen und haben eher direkte Folgen für die Geschädigten als für die Hersteller. Da diese jedoch nicht auf in der Richtlinie selbst festgelegte Auflagen zurückzuführen sind, wurde in dieser Hinsicht kein besonderes Potenzial für Vereinfachung festgestellt.

5.3 Kohärenz

Die Richtlinie existiert nicht in einem Rechtsvakuum, sodass sie nicht isoliert betrachtet werden darf. Sie ist fester Bestandteil eines EU-Rechtsrahmens, der das Funktionieren des Binnenmarkts sicherstellen, Innovation und Wachstum durch technologieneutrale Sicherheitsvorschriften fördern und die Sicherheit und das Wohlergehen der Verbraucher schützen soll.

Die Bewertung ergab, dass die Richtlinie mit den einschlägigen EU-Vorschriften in Einklang steht. Dabei wurden sowohl die bestehenden und die vorgeschlagenen EU-Vorschriften zum Verbraucherschutz im Bereich der vertraglichen Haftung als auch die Vorschriften für die Streitbeilegung betrachtet.[23] Noch wichtiger ist, dass die Richtlinie mit den EU-Vorschriften über die Produktsicherheit im Einklang steht, die in den harmonisierten EU-Vorschriften für die Produktsicherheit[24]

23 Richtlinie 2011/83/EU des Europäischen Parlaments und des Rates über die Rechte der Verbraucher, zur Abänderung der Richtlinie 93/13/EWG des Rates und der Richtlinie 1999/44/EG des Europäischen Parlaments und des Rates sowie zur Aufhebung der Richtlinie 85/577/EWG des Rates und der Richtlinie 97/7/EG des Europäischen Parlaments und des Rates; Richtlinie 1999/44/EG des Europäischen Parlaments und des Rates zu bestimmten Aspekten des Verbrauchsgüterkaufs und der Garantien für Verbrauchsgüter. Vorschlag für eine Richtlinie des Europäischen Parlaments und des Rates über bestimmte vertragsrechtliche Aspekte der Bereitstellung digitaler Inhalte (COM/2015/0634 final); geänderter Vorschlag für eine Richtlinie des Europäischen Parlaments und des Rates über bestimmte vertragsrechtliche Aspekte des Online-Warenhandels und anderer Formen des Fernabsatzes von Waren, zur Änderung der Verordnung (EG) Nr. 2006/2004 des Europäischen Parlaments und des Rates und der Richtlinie 2009/22/EG des Europäischen Parlaments und des Rates und zur Aufhebung der Richtlinie 1999/44/EG des Europäischen Parlaments und des Rates (COM/2017/0637 final).

24 Z. B. Richtlinie 2006/42/EG über Maschinen, Richtlinie 2009/48/EG über die Sicherheit von Spielzeug, Verordnung (EU) Nr. 305/2011 zur Festlegung harmonisierter Bedingungen für die Vermarktung von Bauprodukten und zur Aufhebung der Richtlinie 89/106/EWG des Rates, Richtlinie 2013/53/EU über Sportboote und Wassermotorräder und zur Aufhebung der Richtlinie 94/25/EG, Richtlinie 2014/29/EU zur Harmonisierung der Rechtsvorschriften der Mitgliedstaaten über die Bereitstellung einfacher Druckbehälter auf dem Markt, Richtlinie 2014/33/EU zur Angleichung der Rechtsvorschriften der Mitgliedstaaten über Aufzüge und Sicherheitsbauteile für Aufzüge, Richtlinie 2014/35/EU zur Harmonisierung der Rechtsvorschriften der Mitgliedstaaten

und in der Richtlinie über die allgemeine Produktsicherheit[25] festgelegt sind. In den EU-Produktsicherheitsvorschriften ist das Sicherheitsniveau festgelegt, das die in der EU in Verkehr gebrachten Produkte erreichen müssen. Dies wiederum entspricht dem Sicherheitsniveau für diese Produkte, das ein Geschädigter nach Maßgabe der Richtlinie zu erwarten berechtigt ist. Zudem sind die Hersteller von der Haftung befreit, wenn sie nachweisen können, dass ein Fehler auf die Einhaltung dieser Vorschriften zurückzuführen ist. Da der technologische Wandel auch entsprechende Änderungen des EU-Rechts nach sich zieht, muss diese Kohärenz in den allgemeinen Vorschriften beibehalten werden.[26]

5.4 Relevanz

Die Richtlinie hatte über drei Jahrzehnte technischer Innovationen Bestand. Das ursprüngliche Erfordernis, die Herstellerhaftung, den Verbraucherschutz und den unverfälschten Wettbewerb sicherzustellen, ist nach wie vor relevant. Was die neuen technologischen Entwicklungen angeht, haben sich die Interessenträger jedoch besorgt darüber geäußert, ob die Konzepte der Richtlinie in ihrer derzeitigen Ausdrucksform weiterhin relevant bleiben können. Es ist unklar, was ein Produkt von einer Dienstleistung unterscheidet (z. B. beim Internet der Dinge, wo Produkte und Dienstleistungen interagieren), in welchem Umfang die Schäden erfasst werden (derzeit begrenzt auf Sachschäden) und was unter dem Begriff „Fehler" zu verstehen ist.

Es wird auch besonderer Analysen bedürfen, z. B. bei Arzneimitteln aufgrund ihrer Komplexität und bei überholten Produkten aufgrund ihrer veränderten Art, die zu Problemen führen könnten, die sie von anderen Produktkategorien unterscheiden.

Die Beantwortung dieser Fragen erfordert zusätzliche Forschungsarbeiten und eine klare Antwort, damit sowohl für die Hersteller als auch für die Verbraucher Rechtssicherheit hergestellt ist.

5.5 EU-Mehrwert

Die Richtlinie ist ein fester Bestandteil der EU-Binnenmarktvorschriften. Ihr Nutzen ist unbestritten. Sie bietet einen einheitlichen Verbraucherschutz, indem sie als Sicherheitsnetz dient, das die EU-Produktsicherheitsvorschriften ergänzt. Die Richtlinie schafft auch ein sensibles Gleich-

über die Bereitstellung elektrischer Betriebsmittel zur Verwendung innerhalb bestimmter Spannungsgrenzen auf dem Markt, Richtlinie 2014/53/EU über die Bereitstellung von Funkanlagen auf dem Markt und zur Aufhebung der Richtlinie 1999/5/EG, Verordnung (EU) 2017/745 über Medizinprodukte, zur Änderung der Richtlinie 2001/83/EG, der Verordnung (EG) Nr. 178/2002 und der Verordnung (EG) Nr. 1223/2009 sowie zur Aufhebung der Richtlinien 90/385/EWG und 93/42/EWG des Rates, Verordnung (EU) 2017/746 über In-vitro-Diagnostika und zur Aufhebung der Richtlinie 98/79/EG und der Beschluss 2010/227/EU der Kommission.

25 Richtlinie 2001/95/EG des Europäischen Parlaments und des Rates über die allgemeine Produktsicherheit. Andere EU-Vorschriften im Verkehrsbereich übertragen den Herstellern oder Wirtschaftsbeteiligten die Verantwortung für die Aufrechterhaltung des sicheren Zustands von Fahrzeugen, Flugzeugen oder Schiffen.

26 Die Bewertung der Maschinenrichtlinie hat bereits ergeben, dass neue digitale Technologien in den grundlegenden Sicherheits- und Gesundheitsanforderungen der Richtlinie nicht ausdrücklich behandelt werden. Es wird auch darauf zu achten sein, ob die Entwicklungsrisiko-Klausel und die Möglichkeit, davon abzuweichen, zu einer regulatorischen Fragmentierung führen, die für die Verbreitung der künstlichen Intelligenz problematisch sein könnte.

gewicht zwischen Innovation und Schutz, das so nur auf EU-Ebene erreicht werden kann, um eine Fragmentierung des Marktes und Wettbewerbsverzerrungen zu verhindern.

Eine Aufhebung der Richtlinie würde zu einer Fragmentierung und unterschiedlichen Verbraucherschutzniveaus führen, da die nationalen Gerichte ausschließlich nationale Vorschriften oder nationales Vertrags- oder Deliktrecht anwenden würden. Es sei jedoch darauf hingewiesen, dass die Richtlinie parallel zu den nationalen Instrumenten existiert und daher noch Spielraum für unterschiedliche nationale Ansätze besteht.

6. Fazit: Eine vierte industrielle Revolution – ein praktisches Haftungskonzept

Die Probleme, mit denen wir heute konfrontiert sind, unterscheiden sich in gewissem Maße von den Problemen in der weitgehend analogen Welt von 1985. Wir erleben eine weitere technologische Revolution. Die Wirtschaft und die Produkte selbst werden zunehmend vernetzt, digital, autonom und intelligent. Wie in der Mitteilung über künstliche Intelligenz[27] dargelegt, benötigen wir eine kohärente und umfassende Antwort auf diese Herausforderungen.

Die Richtlinie deckte bislang eine breite Palette von Produkten und technologischen Entwicklungen ab. Sie ist grundsätzlich ein nützliches Instrument für den Schutz von Geschädigten und für die Gewährleistung des Wettbewerbs im Binnenmarkt, indem die Vorschriften für die Geschädigten und die Unternehmen in den von ihr erfassten Punkten harmonisiert werden. Es handelt sich hier um einen Bereich, in dem EU-weite Vorschriften einen eindeutigen Mehrwert bieten. Der Vorteil einer Regelung der Produkthaftung auf EU-Ebene ist unbestritten.

Dies bedeutet nicht, dass die Richtlinie perfekt ist.

Ihre Wirksamkeit wird durch Konzepte (wie „Produkt“, „Hersteller“, „Fehler“, „Schaden“ oder die Beweislast) beeinträchtigt, die in der Praxis wirksamer sein könnten. Wie die Bewertung auch gezeigt hat, gibt es Fälle, in denen die Kosten nicht gleichmäßig auf Verbraucher und Hersteller verteilt sind. Dies gilt insbesondere dann, wenn die Beweislast komplex ist, wie dies bei einigen neuen digitalen Technologien oder bei Arzneimitteln der Fall sein kann.

Damit sie künftig relevant bleiben kann, würde die Richtlinie von einer Präzisierung dieser Punkte profitieren. Die Richtlinie deckt ein breites Spektrum von Produkten und möglichen Szenarien ab. Leitlinien können dazu beitragen, diese Konzepte effizienter zu machen und ihre dauerhafte Relevanz hervorzuheben.

Unser Ziel ist es, weiterhin einen gerechten Ausgleich zwischen den Interessen der Verbraucher und der Hersteller bei allen Erzeugnissen sicherzustellen:

Einige der im Jahr 1985 eindeutig definierten Begriffe wie „Produkt“ und „Hersteller“ oder „Fehler“ und „Schaden“ sind heute weniger scharf umrissen. Die Entwicklung der Industrie tendiert zunehmend zur Integration in verschiedene Akteure umfassende, globale Wertschöpfungsketten

27 Mitteilung der Kommission „Maximising the Benefits of Artificial Intelligence for Europe“ (COM(2018) 237).

mit hohem Dienstleistungsanteil.[28] Produkte können immer mehr außerhalb der Kontrolle des Herstellers verändert, angepasst und überholt werden. Darüber hinaus werden sie von einem höheren Maß an Autonomie gekennzeichnet. Neue Geschäftsmodelle brechen die traditionellen Märkte auf. Die Folgen dieser Entwicklungen für die Produkthaftung bedürfen weiterer Überlegungen. Letztendlich muss der Hersteller für das Produkt verantwortlich sein und bleiben, das er in den Verkehr bringt, und die Geschädigten müssen nachweisen können, dass ein Schaden durch einen Fehler verursacht wurde. Sowohl die Hersteller als auch die Verbraucher müssen durch einen klaren Sicherheitsrahmen wissen, welche Sicherheitserwartungen sie an die Produkte stellen können.

Im Gegenzug wird die Entwicklung eines starken Binnenmarkts für Cybersicherheitsprodukte und -dienste dadurch behindert, dass bislang nicht gelöste Probleme bei der Zuweisung von Schäden für Unternehmen und Lieferketten bestehen, wie die Kommission in ihrer Mitteilung „Abwehrfähigkeit, Abschreckung und Abwehr: die Cybersicherheit in der EU wirksam erhöhen“[29] dargelegt hat. Auch hier muss den Verbrauchern und Unternehmen klar sein, welches Sicherheitsniveau sie erwarten können, und sie müssen wissen, an wen sie sich wenden können, wenn ein Mangel an Cybersicherheit zu materiellen Schäden führt.

Das Vertrauen der Verbraucher im Binnenmarkt wurde jüngst durch grenzübergreifende Probleme von großer Tragweite, die zahlreiche Verbraucher EU-weit betreffen, wie der „Dieselgate“-Skandal, beeinträchtigt. In ihrem „New Deal for Consumers“ (Neugestaltung der Rahmenbedingungen für die Verbraucher) schlägt die Kommission – neben anderen Maßnahmen – vor, die Rechtsschutzsysteme zu modernisieren und den Verbrauchern die Durchsetzung ihrer Rechte zu erleichtern.[30] Damit der Binnenmarkt sein Potenzial voll entfalten kann, müssen wir den Verbrauchern zusichern, dass ihre Rechte geachtet werden.

Andere umfassendere Aspekte erfordern ähnliche Aufmerksamkeit. Dies ist vor allem im Kontext einer nachhaltigeren Ausrichtung der Wirtschaft von Bedeutung, in der Produkte überholt, ausgebessert und wiederverwendet werden. Wer gilt als Hersteller dieser Produkte, z. B. bei Reparatur, Wiederverwendung und Überholung? Und wie ist mit der Tatsache umzugehen, dass alle Vorabentscheidungen des Gerichtshofs zu Arzneimitteln und Medizinprodukten darauf hindeuten, dass für diese Branche besondere Merkmale gelten?

Die Kommission hat eine Sachverständigengruppe für die Haftung ins Leben gerufen, um die Auswirkungen dieser Entwicklungen im Einzelnen zu untersuchen. Die Gruppe tritt in zwei Formationen zusammen. Die erste setzt sich aus Vertretern der Mitgliedstaaten, der Industrie, der Verbraucherorganisationen, der Zivilgesellschaft und der Wissenschaft zusammen: Sie wird die Kommission bei der Auslegung, Anwendung und möglichen Aktualisierung der Richtlinie unterstützen, auch im Lichte der Entwicklungen in der EU und der nationalen Rechtsprechung, der Auswirkungen neuer und neu entstehender Technologien und sonstiger Entwicklungen im Bereich der Produkthaftung. Die andere Formation der Sachverständigengruppe, die sich aus-

28 Ein weiterer Aspekt, der berücksichtigt werden muss, ist der direkte Online-Verkauf aus Drittländern.

29 COM(2017) 450.

30 COM(2018) 183, COM(2018) 184, COM(2018) 185.

schließlich aus unabhängigen Hochschulfachleuten und Praktikern zusammensetzt, wird prüfen, ob die Haftungsregelung insgesamt geeignet ist, die Verbreitung neuer Technologien durch Förderung der Investitionsstabilität und des Verbrauchervertrauens zu erleichtern.[31]

Die Kommission ist bestrebt, einen positiven und verlässlichen Rahmen für die Produkthaftung zu schaffen, der Innovation, Beschäftigung und Wachstum fördert und gleichzeitig den Verbraucherschutz und die Sicherheit der breiten Öffentlichkeit gewährleistet. Wir werden Mitte 2019 Leitlinien für die Richtlinie herausgeben und einen Bericht über die weiter reichenden Auswirkungen sowie eventuelle Lücken und Orientierungshilfen für den Haftungs- und Sicherheitsrahmen für die künstliche Intelligenz, das Internet der Dinge und die Robotik veröffentlichen. Erforderlichenfalls wird die Kommission bestimmte Aspekte der Richtlinie, wie die Begriffe „Fehler“, „Schaden“, „Produkt“ und „Hersteller“, aktualisieren. Der allgemeine Grundsatz der verschuldensunabhängigen Haftung wird allerdings unberührt bleiben.

Ein kohärenter, technologieneutraler Sicherheitsrahmen sollte Unfälle möglichst weitgehend verhindern. Wenn es jedoch zu Unfällen kommt, sollte unser Haftungsrahmen dafür sorgen, dass die Geschädigten Schadenersatz erhalten.

31 In der Arbeitsunterlage der Kommissionsdienststellen über die Haftung für neue digitale Technologien (SWD(2018) 137) wurden bereits einige Fragen aufgeworfen, die in dieser Formation zu erörtern sind.

Matthias Hartmann (Hrsg.)

Digital Excellence in KMU

11 Pilotprojekte und Best Practices zur Digitalisierung

Die digitale Transformation bei Kleinen und Mittleren Unternehmen (KMU) läuft unter anderen Rahmenbedingungen ab als bei großen Unternehmen. Dies ist Forschungsgegenstand des Anwendungszentrum „Digital Value" an der HTW Berlin, gefördert durch den Europäischen Fonds für regionale Entwicklung (EFRE).

In 11 Fallbeispielen hat das Forschungsteam die Geschäftsmodelle ausgewählter Berliner KMU dokumentiert, den digitalen Reifegrad bestimmt und die digitale Agenda erarbeitet. Anschließend wurde das am höchsten priorisierte digitale Thema in Pilotprojekten umgesetzt, z. B. Automatisierung, eLogistik der letzten Meile, ERP- und DMS-Systeme, Social Media, IT-Outsourcing, Technologiebewertung u. a. m.

Der vierte Band des Forschungsprojekts schildert die dabei gemachten Erfahrungen im Kontext theoretischer Konzepte. Jedes der 11 unterschiedlichen Themen bietet mithin einen Einblick in einen Bereich der Digitalisierung. Gleichzeitig spiegeln die Erfahrungsberichte aus den Unternehmen die Möglichkeiten und Grenzen der Implementierung digitaler Technologien wider.

2020, 251 S., 20 s/w Abb., 34 farb. Abb., 1 s/w Fotos, 4 Farbfotos, 10 s/w Tab., kart., 43,– €, 978-3-8305-5054-9
eBook PDF 978-3-8305-4220-9

MIT BEITRÄGEN VON

Melina Bertrand | Jakob Berger | Tim Bodung | Christian Duda | Leonhard Gebhardt | Volker Grünwold | Matthias Hartmann | Tony Hoppe | Klaus Jäckel | Thomas Jens | Max Jensen | André-Patrice Kleine | Philipp Kleine | Jessika König | Felix Peste | Jürgen Radel | Stefanie Sarnoch | Stephan Schäfer | Dirk Schöttke | Andreas Schümberg | Alexander Stahl | Ilka Stephan | Holger Vogel | Alexander Voigt | Ralf Waubke | Stefan Wittenberg | Anastasia Worrmann

AUS DEM INHALT

Der Forschungsansatz „Digital Value" | Prozessanalyse für eine ERP-Systemintegration | Social Media-Kampagne und Website-Optimierung | App-Design für FoodTech und Instagram-Kampagne | Industrialisierung des Catering durch ERP | Data Analytics für eine Digital Customer Journey | Technologische Due Diligence für ein High-Tech Unternehmen | Künstliche Intelligenz für ein eRecruting | Industrie 4.0 für die Automobilzulieferindustrie

Berliner Wissenschafts-Verlag | Behaimstr. 25 | 10585 Berlin
Tel. 030 84 17 70-0 | Fax 030 84 17 70-21
www.bwv-verlag.de | bwv@bwv-verlag.de

Berliner Wissenschafts-Verlag

Martina Mittendorf

People Analytics – Fluktuationsrisikoanalyse im Rahmen der DS-GVO

Unternehmen sind betroffen von einer ungewollten Abwanderung von Mitarbeitern. Um gezielt diejenigen Arbeitnehmer ansprechen zu können, die im Betrieb gehalten werden sollen, muss die Geschäftsleitung einen Überblick darüber haben, wer aller Wahrscheinlichkeit nach das Unternehmen demnächst verlassen wird. Hierzu dienen Fluktuationsrisikoanalysen, die heute bereits mithilfe künstlicher Intelligenz, Machine Learnings o. Ä. durchgeführt werden können. Martina Mittendorf klärt, inwieweit sich diese Analysen mit der geltenden Datenschutz-Grundverordnung (DS-GVO) vereinbaren lassen.

Darüber hinaus untersucht sie, wie das Unternehmen mit den Resultaten der Analyse umgehen kann und darf, sodass nicht nur eine Akzeptanz dieser Technik bei den Beschäftigten erreicht wird, sondern auch ein wirklicher Nutzen für diese und das Unternehmen entsteht.

Ihr Ansatz: Ein Betriebsmanagement mit personalstrategischer Ausrichtung, das zum Ziel hat, die betrieblichen Abläufe zu optimieren und die Mitarbeiter motiviert im Unternehmen zu halten.

2020, 65 S., kart.,
24,– €, 978-3-8305-5044-0
eBook PDF 978-3-8305-4210-0

DIE AUTORIN

Dr. Martina Mittendorf studierte Rechtswissenschaften an der Universität Hamburg und promovierte dort. Sie hat langjährige Personalleitungs-, Geschäftsführungs-, und Seminarleitungserfahrung. Lehraufträge seit 2004 an den Universitäten Hamburg, Ruprecht-Karls-Universität Heidelberg und verschiedenen anderen Hochschulen. Von 09/2018 bis 02/2020 hatte sie eine Vertretungsprofessur an der Technischen Hochschule Wildau im Betriebsmanagement inne und ist in der Unternehmensberatung tätig.

AUS DEM INHALT

Fluktuation von Mitarbeitern, die im Unternehmen gehalten werden sollen | Betriebsmanagement mit personalstrategischer Ausrichtung | Rechtsrahmen der Datenverarbeitung bei der Fluktuationsrisikoanalyse | Maßnahmen der Mitarbeiterbindung für risikobehaftete Mitarbeiter | Fluktuationsrisikoanalyse als Beitrag zu mehr Akzeptanz von Technik

Berliner Wissenschafts-Verlag | Behaimstr. 25 | 10585 Berlin
Tel. 030 84 17 70-0 | Fax 030 84 17 70-21
www.bwv-verlag.de | bwv@bwv-verlag.de

Berliner Wissenschafts-Verlag